打開天窗 敢說亮話

U0022959

FAM

天窗出版

讓孩子揮灑才能的德國教育

何潔凝 著

推薦序

引言

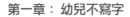

第一章： 幼兒不寫字

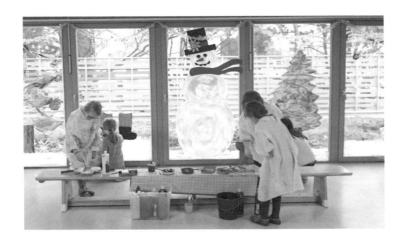

推薦序

香港中文大學社會學系教授
趙永佳

看罷本書，你會羨慕忌恨。為何人家幼稚園不用「指引」、「除了品格甚麼都不教」？不用讀書寫字，只是鼓勵孩子們玩和塗鴉？

作者每一篇文章，都是通過德國經驗來令我們反思香港的情況。德國不一定是天堂，但本書絕對是香港現在探討基礎教育往何處去的最佳參考。

推薦序

臨床心理學家
葉妙妍

何潔凝從一個本港中學老師，轉職到德國任教雙語幼稚園。憑自己親身的體驗、獨到的分析，啟發我們重新反思培育孩子的方向。

香港與德國的學前教育大相逕庭：香港的幼稚園教中英數，德國的幼稚園教待人接物；香港的幼兒練字唸書，德國的幼兒學自理解難；香港的學校著眼學生的學業成績，德國的學校著重學生的心理健康；香港的教育主要為填鴨式灌輸，德國的教育強調創意與自學。

何潔凝以自己為人師表的深切體會，指出教養的盲點，讓父母引以為鑑；並提出培育孩子的具體建議，作為父母實用的參考。當中蘊含不少至理名言，發人深省。家長及教育工作者閱讀此書，猶如上了一堂意味深長的教育課。

從衣食住行看
德國教育

典型的德國人和香港人有不同的心態，德國人比較隨意，但有自己的一套堅持，他們不太著重門面工夫和別人的眼光，而是重視安全、性能。

走到大街上，香港人的衣著時尚，大家都悉心打扮。在德國，也許是因為天氣關係，一般德國人都會穿得比較實際，冬天時他們的上班族在西裝外穿的不是有型有款的羊毛大衣，而是穿防水防風的風衣。他們也會花錢在衣裝上，但他們所花的錢不在時尚和設計上，我在德國住了三年，還沒有遇過提著 LV 和 Gucci 手袋的德國人，但差不多滿街行人都穿著 Jack Wolfskin 的風衣。一件高質素的風衣，價錢可抵上幾件款式新穎的外套，但德國人寧願全個冬季都穿同一件風衣，也不會貪新款犧牲質素。

單是看看在德國和香港餐廳吃飯的分別，便可略知德國人和香港人的性格差異。香港人講求效率，由點餐到上菜，都要快，有些餐廳甚至限定每枱食客用餐的時間，為的是可以多走幾轉多賺幾百。德國人講求質素，他們不單對食物有要求，同時也執著食客是否享受在餐廳用餐。在德國餐廳由點餐至上菜，二十分鐘的等待時間是最基本的，但即使是十個人同時點不同的食物，餐廳也會堅持同枱食客的食物同時上菜，讓他們可以同時開始進餐，大家不必客氣你推我讓。

德國人租屋比例極高，因為他們的房屋政策以保障租客為主，保障業主為次要。業主加租也要符合市場價格，不能隨便大幅度加租。即使租客沒錢交租，業主也不得把租客趕走。因為德國人深知本身有能力的，可以照顧自己，但本身處於弱勢的，正正需要更多幫助，保障弱勢社群的利益有助避免社會上出現貧富懸殊。香港的房屋政策對一般市民的保障不足，結果貧者愈貧，富者愈富。把這情況反映到教育方面，在香港教書時，看到的情況是精英班多由年資經驗豐富的老師任教，至於能力較弱、學習動機較低的班別，則由新入職沒經驗的新老師教。最需要幫助的一群卻得不到最大的幫助，結果學生的距離愈拉愈遠，心知自己追不上而放棄的學生大有人在。

不少德國人以單車代步，德國孩子一般在兩歲開始便學無腳踏單車訓練平衡，為之後學單車做好準備。學單車不只是學平衡，德國小學生還會上單車課，學習路上的安全知識及規矩，認識不同的路標指示，他們甚至會要完成整本單車課程作業。當孩子完成理論課後，會在學校考理論筆試和路試，合格者會獲頒單車執照，可以正式在街上踏單車。連小孩子學單車都這麼認真，難怪德國製造是信心的保證。

從以上衣食住行各方面的例子，可見德國人給人的形象是嚴謹認真、循規蹈矩、一絲不苟，他們追求實際而不花巧。而他們這種樸實的心態，也可從他們的幼兒教育上體現。他們知道幼兒最需要的，不是彈鋼琴和學法文，而是學好照顧自己，所以德國幼兒教育重點培育孩子獨立自主。他們知道要孩子有學習的動力，必先放手讓他們發掘新事物，所以他們的孩子在六歲上小學之前，可以專心玩樂探索，不必學讀書寫字。他們知道每個孩子都有不同的專長，不是每個孩子都要入大學，所以他們把學生分流，讓他們可以各展所長。

由衣食住行到教育都貫徹德國人樸實的風格。我們喜歡德國教育，但我們是否真的可以抱著德國家長的心態教育孩子呢？當其他孩子在幼稚園表演歌舞劇時，你家孩子只表演唱歌，你會嫌老師不盡力嗎？當其他五歲的孩子已經會背乘數表，你家孩子還在數手指時，你會忍得住不推他一把嗎？

德國的幼兒教育不是以培訓精英為目標，無論是家長還是學校，都為了讓孩子在生活上滿足自己的需要而教育。也正因為這樣，他們按部就班，讓孩子因應自然而發展，孩子因而得以打好學習的基礎，到真正要上學時，便更上一層樓。香港的教育，一開始便以入大學找到好工作為目標，為了向上爬，忘了要打好根基，結果跳過了很多學習的樂趣，很多孩子因此失去學習的動力成為犧牲品。香港和德國教育之差，就在這心態。

我們未必可以改變香港的教育制度，但卻可調節自己的心態。這本書不教你怎麼教出狀元，因為每年近七萬考生之中，只有不足十人可成為狀元，但每個孩子都有快樂成長的機會，快樂比狀元實際得多。

第一章：
幼兒不寫字

德國幼兒教育不重視分數，
而重視教育每個獨立的個體。
德國人深信，
給孩子時間和空間，
他們才能發揮內在的潛能。

1.1 重身教非言教

我們先要培養好孩子良好的品格，
練字背書的事，
還是留待他們上小學再說。

初來到德國上德文課時，老師要我們講講自己的職業，
來自西班牙的同學是幼稚園老師，於是她介紹自己為
「Lehrerin」（教師），但老師立即更正，在德文中，幼稚
園老師不叫Lehrer（教師），而是叫Erzieher（教育者）。
我心想，德國人的階級觀念可真重，教中學或幼稚園都是
教師，為甚麼要那麼霸道，教幼稚園的就不能稱為教師，
這可是明目張膽的歧視。直至我正式在幼稚園上班，到現
在一年多了，才慢慢真正理解「Lehrer」和「Erzieher」的
分別。

除了品格甚麼都不教

「Lehrer」一字源自動詞「lehren」，字指「教」。「Erzieher」一字則從動詞「erziehen」而來，意思是「教育」、「培養」及「教養」。

究竟兩者有甚麼分別？顧名思義，「Lehrer」就是我們一般理解的教師，他們會帶領課堂，教授學生知識。但要明白「Erzieher」箇中的意思，必先從了解德國幼稚園的「課堂結構」開始。所謂的「課堂結構」，便是沒有「課」，沒有「堂」。每天小朋友來到幼稚園，向老師報到後，便可以去玩。幼稚園內沒有書桌，只有飯桌；沒有教科書，只有故事書。

老師會在晨圈（Morning Circle）中跟孩子一起坐在地上圍圈，活動包括認識芒果。

「Erzieher」不只是老師那麼簡單，我也只能盡量把它翻譯成「教育者」。爸爸媽媽不用教中英數常，但要以身作則教你待人接物，讓你成為一個有教養的人。當教育者也是這麼一回事，我們先要培養好孩子良好的品格，練字背書的事，還是留待他們上小學再說。

父母以外的學習榜樣

幼稚園老師不只是一個老師，他們每天跟孩子相處六至八小時，以德國大部分幼稚園生八時多便睡覺的習慣來說，不少孩子跟老師的相處時間比跟父母相處的時間更長。老師會在晨圈（Morning Circle）中

跟孩子一起坐在地上圍圈，也會跟孩子同桌吃飯，老師不是高高在上地站著講課，而是讓孩子依在身旁講故事。所以孩子和老師的關係，的確像親子關係多於傳統的師生關係。

在幼稚園裡師生之間不是永遠由上而下的關係。德文中的「你」有兩個講法，一個是尊稱「您」（Sie），另一個是「你」（Du）。孩子及青少年對成年人一般用尊稱「您」，但對家人和親戚朋友則用「你」。在幼稚園，孩子和老師都用「你」作稱呼，孩子不必特別以尊稱稱呼老師。除此之外，老師和孩子都是名字互相稱呼，老師不會連名帶姓稱呼孩子，而孩子也不尊稱老師為「老師」（Miss）或「先生」（Mr），他們不叫我「Miss Ho」而叫「Ada」。幼稚園老師在孩子面前的角色不是高高在上，而是父母以外一個學習的榜樣。

給他們擁抱 增加安全感

之前在香港當中學老師，習慣要跟學生保持距離，但原來在幼稚園，適當的身體接觸卻是師生之間建立良好關係的重要一步。每個孩子的個性都不一樣，有的孩子很酷，他們很少哭很少會靠在老師身旁，有的卻愛撒嬌，喜歡衝來抱著老師，或是坐在老師大腿上。

這些愛「撒嬌」的孩子喜歡透過擁抱等身體接觸獲取安全感，他們明明可以自己扶著扶手上落樓梯，但有時他們會想伸出小手拖著老師。這時候，老師也會拖

著他們走。雖然老師是要幫助孩子學習自理，但當我們伸手拖著他們走，他們得到的是安全感。在學習過程中，我們放手讓孩子自己摸索是最佳方法，但不代表我們要由得孩子孤軍作戰。適當時候讓他們撒撒嬌，給他們一個擁抱，讓他們懷著滿滿的安全感在人生的路上一直走下去。

「嚴師出高徒」這句話不無道理，但無論幼稚園老師還是父母，我們的責任都不在於訓練出「高徒」。建立良好的親子關係和教孩子學會日後如何解決問題是父母的首要任務。傳授知識是重要，但這是孩子長大一點後，日後上學時教師的工作。

真正走進德國幼稚園後，發現教師跟教育者的工作性質完全不同，實在不能混為一談。現在的我反而視「教育者」這個稱呼為一個光環，因為我們都背負著一個可媲美父母的使命。為人父母，當我們太多事要兼顧，開始對自己該為孩子做些甚麼感到困惑時，請記得，當孩子的教育者，成為孩子的榜樣，才是父母的天職。

1.2 給他「魚」，
不如教他「捕魚」

我們只顧要孩子「學知識」，
卻沒有給他們時間學習「如何學知識」。

創意思維和求知精神都沒有分數可言，但它們正是德國幼兒教育的重點。德國幼兒教育不重視分數，而重視教育每個獨立的個體。德國人深信，給孩子時間和空間，他們才能發揮內在的潛能。

德國幼稚園不教寫字

德國幼兒教育比起香港教育，最明顯的分別是德國孩子上小學前都不會讀書寫字。

聽聞德國有憲法禁止過早要孩子讀書識字，我問過了我的同事，她們都沒聽過有關的憲法。其中一位同事說，她自己沒聽過有關法例，但覺得有沒有這條法例並不重要，因為德國，根本沒有幼稚園會教孩子讀書寫字，而且家長也不會把孩子送到這樣的幼稚園。

孩子以分西瓜學習平均分配。

德國的教育不是要刻意禁止孩子讀書寫字，只是，他們認為在孩子正式上學前的幾年，給他們時間慢慢探索、讓他們學會生活的技能、訓練他們的解難能力、啟發他們的求知精神，這些都能為日後孩子的學習打好穩固的基礎。

香港的孩子還未上小學，已經會玩兩三種樂器、會讀會寫兩文三語、會背乘數表，同樣是五歲的孩子，香港孩子的學術表現會比德國孩子好。在德國幼稚園見孩子會寫自己的名字、能數數至三十，已是很了不起的事。這些跟香港孩子相比，實在是在起跑線上輸得徹底，怎麼德國的老師家長都不著緊？

沒有人希望自己的孩子比人落後，德國的幼兒教育也不是要孩子「輸在起跑線」，只是大家的著眼點不同。

鼓勵孩子拿筆塗鴉

三歲的小孩的肌肉還未發展好，就要他們執筆寫字，往往會寫得很吃力，他們要控制小手的動作，又要兼顧字型筆劃等，對很多孩子來說都是很大的挑戰，所以不難想像他們會對寫字失去興趣。

德國的幼稚園不教寫字，但其實卻是慢慢為孩子作準備。老師會鼓勵孩子拿起筆塗鴉，又或是做不同的手工勞作，隨著手部肌肉的發展，他們由劃線條到劃圓圈，由粗製濫做到慢慢變得精細。到他們上學前，手部肌肉已經過幾年塗鴉訓練而變得活動自如，這時候再執筆寫字，就不必大花心神控制手部肌肉，反而可以專注觀察字型跟著寫，這樣專心致志地學寫字，自然學得更好，學得不吃力，孩子自然會想學更多。

孩子的另類數學課。

孩子未到四歲已開始背乘數表，是「背」，不是「學」。因為對他們而言，倍數的概念太複雜了，他們可以背出七八五十六，但他們根本不明白當中的意思。背乘數表可以方便我們以後學習，但這無疑只是一個捷徑。我們背乘數表前，必先明白倍數的概念，如果孩子在未弄清概念下便背下乘數表，到老師在課堂上講解時，早就把乘數表背誦如流的孩子便會以為自己全都懂了，不必聽講，結果他會再一次錯過學習倍數概念的機會。以為背誦就是知識，其實只是在「讀死書」。

好奇和求知心驅使學習

在德國，幼稚園老師甚至不會教孩子數數目，但老師沒有教，不代表孩子沒有學。

每天早上的晨圈是我們幼稚園裡跟「上課」最相近的活動，孩子要安靜地圍圈坐好。我們會問孩子當天是何年何月何日星期幾，然後老師會選兩個孩子分別用德文和英文數數當天有多少個人來了晨圈。就這樣，孩子自己由一數到十，甚至四十多。

孩子們透過製作數字曲奇認識數字。

五歲的Elias來自西班牙，每次待其他孩子用德文和英文數完後，他便會舉手希望用西班牙文數一次，老師當然也樂意讓他一展身手。幾乎每天他都會用西班牙文由一數到十五。有一天，同組的德國孩子Kristian舉手說他也要用西班牙文數人數，我起初抱有一點疑心，以為他只是鬧著玩，於是問他一次：「你真的想用西班牙文數嗎？」他大力點頭，然後Elias亦舉手說：「沒問題，他不懂的話我可以幫他。」就這樣，Kristian站起來清清楚楚地用西班牙文數完十五個孩子。

他數完後，幾乎其餘所有孩子都舉手說要用西班牙文數一遍，結果全組十五個孩子，全都成功用西班牙文由一數到十五。他們沒有上西班牙文興趣班，但興趣不靠興趣班培養，也迫不出來。他們的好奇心和求知精神足以驅使他們自己從每天的例行公事中學到自己想學的東西。

著重孩子的自發性和創新

要孩子在學業上一帆風順，我們沒錯是要為他們好好鋪路，但在香港和德國，「鋪路」卻有不同的定義。香港家長偏向讓孩子提早上興趣班，孩子很早便要學習五花八門的知識，目的是讓孩子快人一步。德國幼兒教育重視培養孩子的求知慾，「工欲善其事，必先利其器」，孩子自己本身就是學習的「器」，所以在正式上課學習前，他們必先學會自理、學會跟其他孩子相處、學會自己解難、學會自己尋求答案，這些特質都是學習最重要的本錢。

中國有句話「授人以魚，不如授人以漁」，英文也有同樣意思的話「給他一條魚，你只可以餵飽他一天。教他捕魚，你卻可以餵飽他一輩子。」（Give a man a fish and you feed him for a day. Teach a man to fish and you feed him for a lifetime）。這句話，正正反映了香港幼兒教育的方向出了甚麼問題，我們只顧要孩子盡快學懂「知識」，但卻沒有給他們時間學習如何「吸收知識」。結果只能夠幫助他們奪得一時的好成績，卻不能令他們一輩子受用。

一個英文老師在每天僅僅一小時的英文課中能教的很有限，但如果老師可以分享自己學好外語的方法並啟發學生對英文的興趣，學生自然會有動力學習和掌握自學的要訣。他們可以在課堂外所有時間讀英文書、瀏覽英文網站、唱英文歌和看英文電影，這樣的學習方式，絕對比每天一小時的英文課有效得多。

志在培育領袖

從德國幼稚園的教學模式看來，他們著眼的是孩子的自發性、創新思維和求知精神。香港學校著眼的是服從性、刻苦耐勞和受壓能力。德國教育志在培育領袖；香港教育志在訓練優秀的打工仔。只要給香港孩子充足的指示和步驟，他們可以做得很好，可是，當出了問題時，他們卻未必懂得變通。

隨著科技的發展，機器可以取代人手工作，電腦比人腦能更快分析數據，現在每個人都可以隨時上網找資料，單靠背誦知識是不夠的。社會不需要流動百科全書，而是要一群有創意思維、有主見、有獨立批判思考、有血有肉的人，為社會帶來新發展。這是全球發展的大勢所趨，如果香港教育還是停留在填鴨教育的層次上，很快便會跟世界脫軌，我們未來的一代，未畢業便會被社會淘汰。

1.3 全日制讓孩子學習自理

德國的幼稚園都是全日制，
讓孩子全日在玩樂中學習。

德國的幼稚園是六小時至十小時不等的「全日制」，孩子至少要留至下午二時，在幼稚園吃過午飯才會回家。當中有些孩子，父母都是全職工作，每天會在幼稚園花上八、九小時，到下午五時多才由父母接回家。

自己吃飯及穿衣

德國人認為在孩子正式入讀小學前，他們要先學會自理。因此孩子有必要在幼稚園裡待較長時間，孩子們要透過自己吃飯、穿衣而學會照顧自己，還有透過跟其他孩子的相處過程中培育社交技巧。這三年全日制的幼稚園生活，目的是為他們升上小學做好準備，反正他們在幼稚園都只是玩，逗留多一會也不會構成壓力。但到了小學，由於孩

子真的要專心坐在課室聽講，所花的心神跟在幼稚園玩一整天是兩回事，所以德國不少小學都是行半日制的。

香港的幼稚園情況，則和德國的做法相反，香港的幼稚園大多都是半日制的。香港的幼稚園都是私營的，它們以自負盈虧的模式運作，面對昂貴的園舍租金開支，學費成為它們得以繼續營運的要素。如果幼稚園行全日制的話，收生數目有限，但以半日制形式分上午班和下午班收生，可以收雙倍學生，也代表可收取雙倍學費。

辦學變成一盤生意是很可悲的事，可惜現實社會就是這樣殘酷。為免收生不足導致幼稚園陷入經濟困難，有些幼稚園扭盡六壬以博得家長垂青，它們要孩子做各樣專題報告、加入親子活動元素和大型表演項目，營造「愉快學習」的形象，結果弄巧反拙，為家長和孩子帶來壓力。

幼稚園的桌上遊戲室。

全日制不應全日操

德國半日制小學的學生早上八時上課，下課時間則因不同年級而異，但一般不會超過下午一時。下午時間學生可以到託管中心，我們幼稚園也有小學託管部（Hort），小學託管對象是小一至小四學生，人數佔「年齡混合組」（三歲至小四學生）的三分之一。雖然要跟幼稚園生共用同一層，但小學生有屬於自己的家課房和遊戲室，幼稚園生未經許可不得擅進。另外，小學生亦可以自由出入幼稚園的遊戲室，並共用一個大花園。小學生來到託管中心，會先吃午飯，再做一小時家課，之後就可以開始自由活動時間。

香港教育局在 1993 年開始逐步推行小學全日制,原意是「為學生提供一個更理想的學習環境,和更多元化的學習活動;可以紓緩緊逼的上課時間,使學校能更靈活編排課程;可以提供較充裕的時間,加強師生的溝通以及使學生得到較全面的照顧等」。

宜上午上課 下午休息

可惜現在的全日制小學已變質,從前的全日制小學,下午都有安排自修堂讓學生做功課,遇有不明白的地方可直接詢問老師。但現在全日制小學由上午八點到下午四點都是上課時間,課後有不少學校都會額外再安排課後活動。孩子回到家已經是五時多,還要花上最少兩個小時做功課和溫習,之後吃過晚飯、洗過澡便到了就寢時間。孩子每天的時間表都被安排得滿滿的,可以休息放鬆的時間很少,他們的生活只有密集的上課、溫習和做功課。

有些家長知道學童承受的壓力太大,開始提出重推半日制小學。孩子的壓力不在於全日制或半日制,而是學校的安排。如果全日制學校能夠做到上午上課,下午讓孩子休息、參與課外活動,幫助學生在學習和玩樂中取得平衡,全日制也絕對有可取之處。

1.4 三大重點培育範疇

別為了學科成績，
犧牲了孩子的心理健康。

德國幼兒教育重視孩子三大範疇的發展，包括心理健康、
復原能力和學習能力。

心理健康　心境開朗

心理健康不單單是沒有心理病這麼簡單，而是要在各方面
健康發展，從而達到心境開朗。

孩子除了必須接受自我，包括自己的優點和缺點，也要抱
有樂觀的態度，才能長期感受到快樂。當孩子可以不依賴
別人，滿足自我需求時，他們才會有自信踏出每一步。

除此之外，孩子亦需要有良好的社交圈子，跟其他人建立良好關係，這樣才能讓孩子在心靈上有所依歸，因此社交能力也是達至心理健康不可或缺的一部分。

最後，孩子也要有自我控制的能力，讓他們可以做到他們想做的事。

復原力強　孩子夠「硬淨」

當孩子的心靈上健康滿足，他在面對壓力和負面情緒時會有較強的復原能力。復原能力，簡單來說就是看孩子有多「硬淨」，另一個說法，也是等同孩子的自我保護機制。復原能力，是指在心理健康以外，還能表達自己的感受和情緒，從負面的經驗中作有建設性的領略，以及從壓力中很快再次放鬆。

學習自我調節

德國幼兒教育不著重學科的知識,反而注重孩子的學習能力,也就是孩子有沒有求學時所需要的心理條件。

「自我調節」是在學習路上成功的第一步,在情緒層面上,孩子能夠欣然面對壓力和負面情緒,才能在學習遇上問題時,仍然繼續向前;在認知層面上,要堅持,要自律,不輕言放棄,才能達成自己所計畫的學習方向和目標。

自我調節是孩子內在的發展，但外在的社交發展也是校園生活重要的一環。最基本的社交發展，就是可以跟其他人融洽相處，有自己的朋友圈子，能夠受到其他人的尊重，同時亦跟老師保持良好的關係。這一點還可延伸至跟成年人合作及遵守規則的能力，但社交發展並不止於此。

如果孩子事事要求諸於他人，有可能會構成自信心低落而影響社交發展，因此獨立自主的能力也屬社交發展的一部分。

六方面評估幼童

這些有助學習的心理條件，在孩子讀小學時影響會更顯著，但其實在他們三至四歲時，已能體現在日常生活當中。德國幼稚園沒有測驗考試，但老師會每年評估孩子的心理發展。其中一份評估表PERIK（Positive Entwicklung und Resilienz im Kindergartenalltag），透過孩子在幼稚園的日常生活，評估孩子的心理發展和抗逆力。

評估分為六部分：

- 社交接觸
- 自我調節／顧及他人
- 思想獨立
- 抗壓能力
- 目標明確
- 求知精神

1.社交：接納與被接納

我們可以透過觀察孩子跟其他人相處時的表現而評估他們能否融入同儕之間。建立社交關係重質不重量，孩子不一定要跟每個人都玩得來，只要他們本身有較要好的朋友，便已是健康社交的關鍵一步。當孩子想跟其他孩子一起玩時，有否主動開口問？當孩子在商量大家該玩甚麼時，他一般是沉默不語，還是會發表意見？當有其他孩子在場時，他會選擇跟年紀相若的孩子共處，還是會偏向跟成人一起？

2.自我調節：願意讓步

孩子守規矩，其實已是自制力的一種。他們為了維護公平和他人的利益，而「犧牲」自己想成為「第一」的意願，選擇排隊，這正是自我調節的表現。

孩子有主見是好事，堅守原則也是好事，但如果孩子之間意見不合，雙方都堅持不讓步，只會令彼此陷入困局。以玩遊戲為例，如果孩子想踢足球，但他的朋友想下棋，自制力較高的孩子，會願意在這個情況下讓步，要不跟朋友一起下棋，之後再踢足球，要不選擇跟其他人踢足球，而不會為了自己而妄顧他人的意願。

3.思想獨立：有自己的觀點

思想獨立的孩子會清楚自己的喜好和興趣，當老師或家長建議活動時，孩子會衡量自己對活動有沒有興趣而選擇是否參與。當孩子受到不公平對待時，會開口表達，為自己爭取應有的權益，而不忍氣吞聲。思想獨立的孩子，也會有自己的觀點，即使在朋輩壓力下，也會維護自己的立場和信念，不輕易動搖。

4.抗壓能力：能控制情緒

孩子的抗壓能力在於他們能否控制自己的情緒及保持心境平靜。孩子跌倒受傷，放聲大哭是自然不過的事，但一個抗壓能力高的孩子，會比較容易收拾心情，告訴成人自己哪裡受傷、怎樣受傷等。孩子在憤怒和傷心時，會懂得釋放自己的負面情緒，透過不同的途徑，例如向他人傾訴或是簡單地哭一場，讓心情盡快平伏。此外，孩子的情緒穩定，不輕易受外界事物影響心情，在遊戲時，也不會把勝負看得太重。

5. 目標明確：向著任務前進

目標明確視乎孩子能否自己認清目標及向著目標前進。以做手工為例，目標明確的孩子會留心看清楚老師的示範和講解，然後依照指示，很快投入活動當中。同時，他們會較為獨立，不必老師在旁督促，也能專心完成勞作。遇到困難時，他們不會輕言放棄，而會反覆嘗試或向老師求助。孩子一旦認清了目標，便會盡力朝著目標前進，不必靠威逼利誘來完成任務。

6. 求知精神：好奇並勇於嘗試

求知精神在於孩子對外界事物是否抱有好奇心，會否勇於嘗試。求知慾強的孩子，會留意身邊的事物，遇到疑問時會主動尋求答案。他們也會勇於接受挑戰，對於他們不熟悉的事物，會表現得好奇，並從認識新事物中找到樂趣。

別為了學科成績而犧牲了孩子的心理健康。學業成績可以追，但有良好社交技巧、會顧及他人、思想獨立、能在逆境自強、有明確目標和求知精神，這些能助人邁向成功、叫孩子受用一輩子的心理質素，必須靠從小培養，錯過了不一定可以「訓練」出來。

1.5 / 不用爭，德國沒名校

/ 德國的幼稚園和小學都沒有入學面試，
以區域劃分派位。

香港孩子由出生開始便要為入一家好幼稚園而做好準備，
有些幼稚園在孩子兩歲時已開始收生面試，可是兩歲的孩
子，可能連說話的能力也未有，面試的準則在哪裡？如果
面試是為評估家長本身，為甚麼要催谷孩子？如果面試都
是靠運氣，父母這麼緊張又有甚麼用？說到底，中學大學
都不是「一條龍」，大學不會因為你在名校畢業而加分，
最終還是靠公開試成績，入讀名校是否真的如我們想像中
重要？

小五開始按成績分流中學

德國幼稚園和小學都沒有入學面試，孩子在幼稚園不學讀
書寫字，也沒有測驗考試，到他們升讀小學時，是憑甚

德國小學只有德文和數學兩大學科，孩子在小一時，才開始正式學習數字、數目和字母拼音等。

麼準則派位的呢？以我所居住的巴伐利亞（Bayern）為例，小學以區域劃分，同一區適齡入讀小一的孩子，都會被派入同一小學。升讀小學不因能力分流，那就是說沒有名不名校之分，因此孩子在入小學之前，也沒有升學的壓力。

不因能力分流，學生的能力各異，在課堂上面對這麼大的能力差異，能力高的學生可不是會被拖垮？在小學頭四年，是基本知識的傳授，到了五年級，學校便會因應學生的成績把學生分流，分別被派入同區的文法中學（Gymnasium）、實科中學（Realschule）或是職業學校（Hauptschule）。

分文法、實科及職業中學

文法中學就是香港中學的模式，入讀文法中學的學生必須是小學成績最好的一群，學生由五年級讀至十二年級，循學術方向發展，最後均會參加公開試（Abitur），以入讀大學為目標。由於入讀大學的都是精英，德國最初不設學士學位，凡入大學的，都會取得碩士資格才畢業，直到最近才細分為學士和碩士。絕大部分政府機構、私人商業機構的高層專業人士、醫生律師工程師等，都是從文法中學一直讀上大學的。

成績其次的學生，會獲分流至實科中學（Realschule），這類實科中學主要以培訓實務專業人士為本，大部分畢業生都會在畢業後到高等專業學校作三年專業訓練和職業實習，之後投身社會工作，或以專業資格報讀大學學位課程。當然，在實科中學表現優異的學生，也可中

途轉讀文法中學，可是由於課程結構上的分別，轉讀生可能要花一至兩年時間重新適應或追上部分學科的進度。

護士、幼稚園老師或水電維修等專業，實際的工作訓練比學術研究更能配合工作上的需要。所以不少學生即使有機會升讀大學，也會寧願把時間放在職業訓練上。以我們幼稚園的實習生為例，他十六歲在實科中學畢業後，必須以兩年時間全職在幼稚園實習，同時到學校上課，才可獲得基本的幼兒保育資格，完成後再用三年實習和修讀幼稚園老師課程，並通過考試，方能正式成為國家認可的幼稚園老師。

而學科成績不理想的學生，會被派至五年制的職業進修學校（Hauptschule），他們會接受培訓，主要以從事手工和製造業為主。

這個把學生分流的做法，目的在於讓學生可以接受更適合自己的教育而不以升讀大學為單一目標，透過不同程度和範疇培養學生各方面的才能，同時配合社會的多元發展。可是由四年級便決定學生能否升讀大學，大部分人都認為過早，引起社會上愈來愈多迴響，建議教育局重組升學結構，延至七或八年級才分流。

讓學生為追求知識而學習

有人說香港的公開考試是犧牲80%的考生來成就20%的大學生。當學生十幾年的學習生涯只以入大學為目標，以成績為動力，那入不到大學的80%，十幾年的努力便白費了，他們花了十幾年，最終淪為失敗者。很多學生就因為這樣，喪失了學習的動機，他們早知道自己不

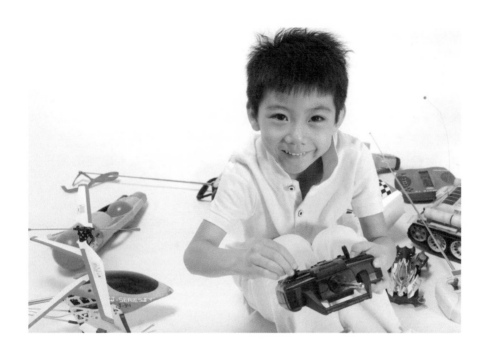

是讀書的材料，明知考不進大學，學習卻以考試為目的，對他們毫無意義。若果學生純粹為追求知識而學習，那麼學到對自己有用的知識是重點，考進大學是錦上添花，無論最後能否考進大學，十幾年來學的，還是沒有白費。

香港教育制度讓每個學生都有機會考公開試入大學，每個學生都有一個未被戳破的夢。可是我們也得承認不是所有人都是尖子，真正可進大學的，其實真的有限。學生、老師和家長眼前永遠有可入大學的一線生機，賠上十二年的時間後，最終大學讀不成，又沒有一技之長。

德國四年級便把學生分流，迫使學生家長接受現實，不再沉迷「大學夢」而浪費學實用技能的時間。

香港學生比德國學生幸運，香港沒有在四年級時把學生分流，但大多數學生和父母都太執著於傳統的升學途徑，把職業先修學校等視為洪水猛獸，寧願做文法中學的犧牲品，也不願走一條適合自己的路。這種「萬般皆下品，唯有讀書高」的想法，才是把孩子迫至絕地的元兇。

第二章：
孩子步向獨立

人年紀愈小，
犯錯的代價也愈低，
所以最好就是讓孩子在童年時
把一生該犯的錯都犯了，
從此不用為錯誤付上高昂的代價。

2.1 自己的飯自己吃

餓了吃飯是人的本能，
是我們要香港的孩子兼顧太多，
才忘了最基本的。

餓了便吃飯，冷了便添衣，是人的本能，所以孩子自己吃飯也是正常不過的事，只是我們要香港孩子兼顧的事太多，於是忘了自己吃飯是最基本的，才會覺得這是一件不可思議的事。德國幼稚園不教讀書寫字，孩子不必「未學行先學走」，只需要先學好照顧自己。

老師跟孩子一起吃早餐

德國孩子每天會在幼稚園逗留最少六小時，早午餐和下午茶都在學校吃。

早上八時半至九時是早餐時間，老師會跟一兩個想幫忙的孩子準備早餐，有時會準備乳酪牛奶粟米片，有時準備麵包配芝士牛油。準備好後，幫忙準備早餐的孩子會

在幼稚園走一圈，一邊分別用英語和德語大喊「早餐！」（Frhstck！Breakfast!）不想吃的孩子，可繼續玩，想吃的孩子自己聽到「廣播」後，自然會走到飯廳吃早餐。早餐是自助形式的，所有食物都放在桌上，讓孩子自己塗牛油、倒牛奶，想吃多少就盛多少。

幼稚園不是餐廳，這裡沒有侍應，老師會盡量跟孩子坐在一起吃飯，而不是一直站著斟茶遞水。我們要讓孩子知道在飯桌上，大家都會自己吃飯，他們不吃，我們也不會強迫，即使之後他們覺得餓了，也是咎由自取。加上，跟孩子同枱吃飯，可讓他們知道這裡每個人都是平等的，沒有人會對他們服侍周到，也可以讓他們觀察大人怎樣用餐具進餐，從而學習餐桌禮儀。而且，老師跟孩子一起進餐，大家會閒話家常，這樣既能增進感情，又能讓老師多了解孩子。

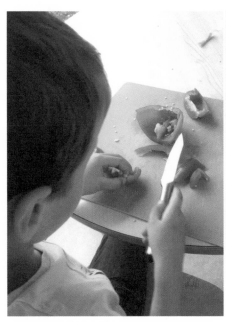

孩子們幫忙準備早餐。　　　　　　　　孩子們自己塗牛油，想吃多少就盛多少。

孩子可合理地揀飲擇食

家長可以鼓勵孩子嘗試不同的食物，但不要強迫孩子把所有食物都吃完。他們不合口味的東西，不用勉強他們吃，也不必執著於要孩子把所有食物都試一口，就如我們試過一口榴槤，知道不合自己口味便夠了，不用每次見到榴槤都要再試一次。當孩子揀飲擇食，我們一方面想給孩子自由，另一方面又要確保他們營養均衡，那麼唯有自己多下點功夫。例如孩子不愛吃青菜，可以嘗試用其他做法去煮，可能把菜切碎混入炒蛋，他們也許會覺得較容易接受。此外，我們也可以做資料搜集，看看有甚麼營養價值相近的飲食可取代孩子不喜歡的食物。

有時候午飯的餸汁會混有青豆，不喜歡吃青豆的孩子會用湯杓慢慢把青豆從公共餐盤中篩走，這時，老師便會上前替孩子用湯杓把餸汁連青豆盛到他的餐碟內。他們可以把碟中的青豆挑出來不吃，但不能在公共餐碟中左挑右撥，這是應有的餐桌禮儀。不合口味和沒有禮貌是

兩回事，要教孩子分清楚，他們可以不吃但要學會尊重別人，不能在人前挑剔食物有多難看、有多難吃。

看廚餘教孩子珍惜食物

吃午飯時我們安排孩子四人一桌，食物會放在桌中間，然後他們需要自己衡量當天能吃多少，再按其判斷盛相應的份量，不夠飽可以之後再添。孩子很愛食物堆滿碟子時的痛快，但到最後往往吃不完，浪費一整碟食物。所以我們總會不厭其煩地提醒他們，能吃多少便盛多少，不要浪費食物。當然，我們不會強逼他們把食物都吃光，通常只會要他們多吃兩口便放過他們離開，因為他們吃不下就是吃不下，任由我們再怎麼繪影繪聲地告訴他們世界上捱餓的人有多可憐，再強迫孩子嚥下這口飯，埃塞俄比亞的孩子也不會多長一塊肉，但孩子卻可能會因為太飽而消化不良。

如果孩子再浪費食物，老師下次便會親自替他們盛午飯，讓浪費食物的孩子眼睜睜地看著其他人可以自由進餐，而自己卻要等老師幫忙動手，他們自然會感到不是味兒，於是下一次就會學精不敢再浪費。除此之外，當孩子浪費食物時，我會吩咐他們跟我走到廚房，親眼看看因為他們而堆得滿滿的廚餘收集桶，讓他們知道我們每天因為一時貪心盛得

過多而要扔掉多少食物。然後，我會再打開雪櫃，取出昨天吃剩的東西，告訴孩子，在公共餐盤中吃不完的食物，因為依然衛生，所以能夠放進雪櫃作為老師第二天的午餐而不致浪費，但如果他們把過多的食物放在自己碟上，吃不完的就只能送到垃圾桶去。

這樣教孩子，孩子就會知道多出來的食物，雖不能餵飽世上所有捱餓的人，但可以留給老師，他們珍惜食物，原來有直接的作用，對孩子而言，這比「因為有人捱餓，所以我要哭著吃光食物」更合理。

抹桌子培養責任感

年紀小的孩子專注力有限，他們吃飽後，如果被迫留在座位，難免會失去耐性而開始胡鬧起來，這只會騷擾到其他還在吃飯的孩子。所以他們吃飽後，可以舉手問准老師，然後把碟上的菜汁骨頭等倒到廚餘盤中，再把碟和餐具分別放到餐車上，完成後便可刷牙去。隨著孩子長大，我們也會開始慢慢延長他們留在飯桌的時間，例如小學託管部的孩子就要等到同桌所有人都吃飽後，才可以一起收拾清理。

孩子們每星期都要輪流負責清潔飯桌，人人有份永不落空。要求孩子抹桌子，屬於教育的一部分，可以讓他們學習為幼稚園這個大家庭出一分力，也可以養成責任心。有時，負責抹桌子的孩子刷牙過後會忘了回到飯堂去抹桌子，這時候如果老師直接自己把桌面抹乾淨，過程不過半分鐘，但我會走遍幼稚園把孩子找來，提醒他要回到飯堂履行自己的義務。雖然孩子們抹過的桌子並非完全乾淨，待他們走開後我們還得再抹一次，但抹枱的背後意義重大，我們不應該因為一時貪快而抹殺孩子學習的機會。

吃飽後孩子們把碗碟餐具分類放在餐車上及清潔餐桌。

花心思營造孩子自助環境

兩點半是茶點時間，每天都會有一大碟芝士、牛油、火腿、麵包和一大碗水果。每個孩子身體都不一樣，他們餓不餓就只有他們自己知道，所以茶點時間又是願者上釣。老師會走一圈大喊「零食時間」（Snack Time）。到三時收拾前，老師會再叫一次「最後機會」，時間一到，老師便會收拾茶點。有些孩子之前只顧著玩，茶點時間完結後才姍姍來遲，而老師只能夠可惜地告訴他們茶點時間已經結束，並提醒他們下次可以早點再來吃茶點。老師不必訓話，孩子也會得到教

訓，他們因為玩得忘形而錯過茶
點，就要自己承擔後果，即使
餓，也只能等到四點半的第二次
茶點時間才可以吃點乾糧。

日常生活中很多工具都是為成年
人而設的，孩子用起來難免笨手
笨腳。以斟水為例，孩子的手部
肌肉發展尚未成熟，不但要先扭
開水樽蓋，用細小的雙手拿起重
重的水樽再倒水到水杯裡，還要
小心水杯不會被撞跌，實在不容
易，所以他們常常要找大人幫忙。為了讓孩子口渴時能自己倒水而不
必向大人求助，我們會把水預先倒進一個適合孩子用的寬口玻璃瓶，
讓他們可以穩穩地拿著瓶柄斟水，再把玻璃瓶放在矮桌上，於是當孩
子口渴時，便可以輕鬆地自己斟水喝。日常生活中只要多花點心思，
就能夠營造孩子們自助自理的環境。

孩子打翻碗自己清理

德國幼稚園用的是不鏽鋼餐具，碗碟是瓷造的，跟成人用的無異，不
過會比較小，適合孩子的小手。孩子們都見過碗碟被摔破，所以都會
很小心翼翼，甚少會打破碗碟。當孩子倒翻水、打破碗碟，我們不會
斥責，只會提醒他們下次要小心點，然後再給孩子一個補救的機會。
如果只是水，老師會把布遞給孩子，讓他們自己清理。如果打破的是

碗碟，一地的玻璃碎當然由老師清理，但孩子也可以替老師找來掃把，彌補自己的無心之失。

市面上不時推出各式各樣方便孩子的產品，「不倒碗」是其中一個例子。無論怎麼把不倒碗三百六十度旋轉，碗口還是會向上，所以碗內的食物不會倒翻，生產商原意是為了方便孩子學習自己進食，不少父母都覺得這是世界上最偉大的發明，讓他們從此不用再擔心孩子吃飯時食物散落一地，省卻了很多收拾和清潔的時間。但當我們停一停，想一想，就會發現其實這不倒碗並不是為了孩子而設，而是為了父母而設。孩子需要的，不是一個不倒碗，而是慢慢反覆練習的機會，他們正正要從吃得亂七八糟的經歷中學會好好吃一頓飯。要孩子學會自己吃飯，就得接受他們在學習初期會弄得一團糟。這些可以避免孩子打翻餐具的小工具，無疑讓家長省了不少功夫，但卻叫孩子錯失學習的機會。

跟孩子吃飯是一門學問，他們可以從中學到很多。而我們，也要懂得珍惜這個機會讓孩子學會自理。

2.2/ 一天內的
四季衣帽間

孩子在幼稚園衣服一天換幾次，
不靠自己還可靠誰？

孩子在幼稚園一天換幾次衣服，老師人手有限，不能服侍
周到，這時候孩子不靠自己還可靠誰？孩子要出去玩，就
得自己穿衣，就這樣，他們從小便要學懂照顧自己。

一天經歷春夏秋冬

我們幾乎每天都會到戶外玩至少兩小時，室內室外的溫差
可以很大，冬天有暖氣，我們在室內都只穿一件薄外套，
但在戶外溫度可低至零下幾度；夏天在室內沒太陽曬，但
出外時防曬功夫可少不得；還有天氣熱時，我們在花園放
個小水池，孩子可以玩水曬太陽。所以，每一次到花園玩
時，孩子也要換衣服。

每一個孩子在幼稚園都有一個儲物衣帽間，裡面有家長準
備好的替換衣物，以備不時之需。除此以外，還有雨天必

備的雨靴和防水褲、晴天的太陽帽和防曬油、夏天的泳衣、拖鞋、大毛巾和冬天的雪靴、雪衣和手套。

讓孩子學拉拉鏈

要三十多個孩子自己上廁所、穿衣服後排好隊到花園去，要花不少時間。有時候，三歲的孩子要先喝杯水，再上廁所，再慢慢洗手，然後施施然到衣帽間想想穿哪件大衣，再到鞋架找來雨靴，穿好防水褲時才發現前後倒轉了要由頭穿過，擾擾二十分鐘左右是常事。

每個孩子都有屬於自己的衣帽間。

如果孩子真的不能自己穿衣，老師會幫忙，所謂幫忙，可不是幫他穿衣。大衣內外反轉了，老師會教他們怎麼把它反過來，他們學會後，下次便不用靠老師幫忙。有些孩子三歲時已可以自己拉拉鏈，有些小肌肉未發展好的，總不能把拉鏈頭鎖好，拉鏈自然拉不上，他們會向老師求助，老師便會因應孩子的能力而作不同程度的幫助。

年紀大一點的孩子，該慢慢學會拉拉鏈，所以老師會示範一次，然後要孩子自己試；年紀小的孩子，可能真的不能一下子學好，於是老師會替他們做好第一步，但只會鎖上拉鏈頭，之後孩子便可自己把拉鏈拉到尾。這點很重要，我們讓孩子知道我們出手幫忙，只因他們有時力有不逮，但他們做得到的，還得自己做。此外，孩子可以自己完成任務，也能增強他們的自信心，讓他們知道不必事事求諸別人。

瀨尿不質問　讓孩子承擔責任

經常要依賴別人幫忙的感覺並不好受，有人幫助自己，沒錯我們是該心存感激，但事實上，我們只會生少少的謝意，隨之而來的，就是無助、自我形象低落、怨恨、沮喪和憤怒。所以，即使出手相助，也要幫得有技巧，才不會損害受助人的自尊心。

孩子玩得忘形，連上廁所也忘了，老師見到褲襠濕了一片便知道發生甚麼事了。這時，我們不會質問他們為甚麼不上廁所，只會把孩子叫來，著他到洗手間

去，我們不用說明「你又瀨尿」，孩子也會明白為甚麼老師會叫他到洗手間去。

然後，孩子自己在廁格等老師替他們找來替換的衣物和一個膠袋，之後自己換好衫褲，把濕的衣物放在膠袋內，洗洗手，再把膠袋掛在自己的衣帽格內，便大功告成。有些孩子很怕錯過玩樂的時間，所以寧願忍，也不願上廁所，結果到忍不住時才去廁所已經太遲。這時候，他們不需要我們的教訓，應該放手讓他們自己清理，一來可以給我們自己一點放鬆的時間，二來讓孩子自己清理是給他們一個承擔責任的機會。

他們換好褲子後，我們可以提醒他們，換褲子真的很花時間，錯過遊戲也很可惜，如果下次早點上廁所，就不必等褲子濕了後慢慢清理而錯失寶貴的玩樂時間。

兩分鐘的路走二十分鐘又何妨

我們家幼稚園不響鐘，沒有上課下課時間。七時至九時是報到時間。我們沒有老師在校門列陣歡迎，小朋友來到校門要按門鐘，老師手上的電話響起，小孩報上名來，老師便遙距開門。然後他們便從樓下的大門走上幼稚園部，再由家長帶著孩子來到老師跟前說聲早，讓老師為孩子點名。

有一次，三歲的Tobias按鐘後一段長時間還未來找我，以為他忘了找老師報到，於是走去找他，竟然見他還在慢慢行上樓梯。原來，他一

直在大門前脫鞋子，花了十分鐘，終於脫好才一手提著那雙鞋，一手扶著扶手，一步步走上樓梯，然後一邊大聲朗讀貼在每級樓梯旁的字母。由大門到上樓梯花了十分鐘，Tobias 終於來到幼稚園，然後他走到自己的儲物格脫下外套，換上室內鞋，就這樣，又花了十分鐘。

由按鐘開門，到找老師簽到，原本兩分鐘的路程，他用了二十分鐘。而他的媽媽，就挺著一個大肚子，等了他二十分鐘。她沒有出手幫他，也沒有催促他，就這樣待在他身邊看他自己脫鞋上樓梯。每次出花園玩，孩子都要自己穿衣，剛滿三歲的 Tobias 可以自己穿上兩層大衣、雪靴、冷帽、頸巾和手套，雖然他往往是最慢的其中一個，但他可以不靠老師幫忙一手一腳自己準備。

別催促　給孩子自助的時間

很多香港父母可以為孩子付出很多，他們為了讓孩子有個好的居住環境，不惜兩夫婦朝九晚八工作供一層私人樓；為了讓孩子有升學的優勢，不惜孟母三遷搬到「名校網」。他們為了孩子的前途，受盡壓力，卻忘記了那個三歲的孩子要的不是私人樓和名校網，他只要父母給他二十分鐘，讓他可以學會自己照顧自己。很多父母為了孩子，連天上的星也肯摘下來，但偏偏，沒有把最重要的「時間」留給孩子。很多時候，不是孩子不肯學，而是我們沒有時間讓他學，孩子從小到大都在我們催促聲中長大。我們每天都在趕，有些父母會忙著努力工作，為求讓孩子住最好的住宿、上最出名的學校和最貴的興趣班。孩子不要名校網和豪宅，只要你等他十分鐘，讓他可以自己穿鞋出門，但我們往往要趕，來不及等他們學會自理，我們便要出手替他們做好所有大小事。孩子從這時候開始，已經沒有學習的空間。

孩子努力地嘗試做一件事，換來的是成年人的嫌棄，嫌他們做得太慢、嫌他們做得不夠完美，對孩子而言，是一盤照頭淋的冷水。所以，要成就孩子獨立自主，我們要做的就是學會收起我們不耐煩的嘴臉，學會忍住不出手，還要學會不在他們耳邊指指點點。

2.3 / 讚美孩子 須言之有物

對於讚美孩子，只按「like」沒有用，
留 comment 才值得再三回味。

很多人認為稱讚孩子，可以表示我們對他們的認同和支持，還能加強孩子的自信心。讚美有很多種，但不是種種讚美都適合孩子。有的讚美反而會帶來反效果。

孩子能分辨讚賞的誠意

當我們習慣事無大小都說「好」，那些讚美的說話便不值錢了。這些讚賞的說話就像是萬能鑰匙，無論是誰、做了甚麼，做得怎樣，這句「好」都可以上場。讚好的人不必用眼睛看、不必用耳朵聽，甚至不必經大腦思考，要把這句「好」說出口，完全不費吹灰之力。

孩子花心機畫了一幅畫，我們讚「好靚」，第二天他們特地加了更多圖案顏色，我們還是讚「好靚」，孩子付出再多努

力和心機，但我們的讚美卻依舊一成不變。就算我們的語氣再誇張，這些敷衍的讚美仍然很廉價。孩子聽得多了，只會不以為然，那一句沒內容的讚美，進得了耳朵，上不了心。

讚美的話貴精不貴多，別小看孩子的分析力，你的讚賞有沒有誠意，孩子都能分辨。史丹福大學心理學德威克教授（C.Dweck）指出，只有七歲以下的孩子才會對流於表面的讚美受落，當他們大一點，便會對這些讚美起疑。心理學家美亞（W.Meyer）更指出，到了十二歲，孩子會覺得老師稱讚他，代表老師認為他能力不逮，才說出安慰和鼓勵的說話。

不讚「好」，讚「叻」又如何？哥倫比亞大學的碧華教授（L.Blackwell）做了一個實驗研究，她把七百個成績相若的學生隨機分成兩組，兩組

學生都在同一個學期內，在課堂上學到實用的學習技巧，但其中一組學生，在學學習技巧之餘，有額外兩節共五十分鐘的課，認識到才智不全是天生的，只要多訓練，任何人都可以變得聰明。一個學期後，德威克教授比較他們的數學成績，發現那組知道「才智可訓練出來」的學生成績普遍進步。做同類研究的德威克教授也曾經指出，聰明才智不屬孩子的控制範圍內，如果我們把孩子成功的重點，放在他們的聰明才智上，他們有可能會因此覺得自己不必太努力也能成功，甚至會因為怕失敗，失去「聰明」的美名而不願嘗試。

「好」、「叻」、「可愛」都太虛浮

不讚「好」、不讚「叻」，讚「可愛」可以了吧？記得小時候，表弟出生了，大家圍著只有幾天大的BB都禁不住大叫可愛，但外婆會一臉認真嚴肅地說：「不要讚孩子可愛，他們聽到會『小器』。」那時我不明所以。現在想起來，才驚覺老人家這次也不無道理，讚孩子可愛，其實真的是一個禁忌。

試想像一個十六歲的女學生，每天在鏡頭面前騷首弄姿，裝出「可愛」表情，把照片上傳各社交網站，為博眾人一讚。我想不少人會覺得她心智不成熟、貪靚、發明星夢，但這偏偏是每天在網絡世界發生的事，而且主角可能只是幾歲大的孩子。自社交網站流行以來，愈來愈多父母把孩子的照片放上網，一次過可以跟眾多親朋好友分享，的確很

方便。可是有的不只跟親友分享，而是開設個人專頁跟全球公眾「分享」，孩子還未懂事，已經成為「明星」。

做童星沒有問題，當年馮寶寶、梅艷芳都是童星，她們一直以來都是令人敬佩的偶像。可是，別人欣賞她們不是因為她們「可愛」，而因為她們努力不懈，憑著精湛的演技和歌藝，闖出一番事業。當你家孩子成為網絡紅人，所有人見到他都讚可愛，作為家長，你怎麼向孩子解釋他們受歡迎的原因？都只是因為他「可愛」？這樣只會灌輸錯誤的價值觀，讓孩子誤以為外在美就是一切，孩子為了繼續成為眾人目光的焦點，只會專注在外表上。

為了孩子著想，我們都該忍忍口，別讓孩子知道他們很可愛，多欣賞他們的內在美，別太早抹殺他們在各方面的努力。在殘酷的現實社會上「你的樣子如何，你的命運也必如何」也許是真理，但把這句話應用在孩子的世界上，未免太殘忍了。

以具體事情稱讚孩子

讚美無疑是有它的力量，只要我們用對方法讚美，的確可以加強孩子的自信心。

讚賞孩子時，我們應多描述他們做得好的地方，再表達我們的感受，然後簡要地總結事件反映了孩子的哪個優點。舉個例，六歲的 Max 主動幫助打掃清潔，我會跟他說：「Max，你主動幫助其他孩子和老師收拾玩具，我很高興得到你的幫忙，這證明你很樂於助人。」這樣一來，他不但會因為被稱讚而感到歡喜，更會發現自己的小小舉動可以為身

邊的人帶來快樂。孩子都希望得到別人的認同，我們讚孩子樂於助人，他們會記在心中，下次再遇見別人需要幫助時，自然會主動伸出援手，因為他們知道這是大人欣賞的行為。

除此之外，當有其他孩子在場時，這種具體的讚賞可以給其他孩子一個指引，讓他們做得更好。孩子在幼稚園吃過午飯刷牙時，偶爾會一邊刷牙，一邊嬉笑打鬧，單是叫他們專心點，通常都起不了甚麼作用。這時候，我會開口讚賞其中一個表現良好的孩子，「嗯，Laura 真的很認真刷牙，她很安靜地把逐隻牙齒都刷乾淨了。」此話一出，其他胡鬧的孩子都會把目光放到 Laura 身上，同時安靜地認真地刷牙，期待在老師口中獲得同樣的讚賞。

具體的讚賞可以讓孩子知道自己做得好的地方，他們會在這方面多加注意，希望下次同樣獲得我們的認同和讚賞。六歲的 Romy 很喜歡畫畫，當她畫好一幅畫，我會告訴她，「我很喜歡圖畫的色彩繽紛，你想

必花了很多心思畫這幅畫。」「你竟然把燈籠內的燭也清楚畫出來，連這些細節都能夠留意到，你的觀察力可真強呢！」「你竟然想到用紙條做 Minion 的褲子，真有創意！」

「靚」、「畫得好」或「你真有天份」都是百搭的讚賞，孩子聽到後，可能會笑一笑、開心兩秒，然後故事便告一段落。但如果我們可以細心一點，留意孩子所花的心思，說出相應的讚美說話，就能讓他們把自己做好的地方記在心裡。

「聰明」與否不是孩子能控制，但「努力」與否卻是孩子自己控制範圍內的事。我們不讚孩子聰明，但可以把重點放在孩子的努力上。當他知道我們欣賞的是他的付出和努力，他自然會以此為動力，繼續努力。當我們把重點放在孩子在過程上的付出，他們也不會把結果看得太重，抱有這種心態的孩子，比較能勇於面對失敗，屢敗屢戰。

事後再讚賞永不遲

有時候，我們看見孩子做了值得稱讚的事，但我們未能即時稱讚，事後再讚，好像太遲。讚賞不會太遲，偶爾跟孩子提起，「其實那一次，我很想讚你……」這樣，孩子反而會因為你一直把事件記在心裡，而感受到你稱讚時的誠意。

讚美都是一門學問，當孩子遞上一百分的默書簿時，那一句「好叻喎」像是本能反應般衝口而出，所以我們都要練習如何讚美孩子。習慣成自然，只要我們時刻提醒自己別隨便說出敷衍的讚美，加上反覆練習，便會發現其實可以用很多不同的話表達我們對孩子的認同和欣賞。

家長不用太謙虛

為了孩子我們會練習，但其他人可沒義務花時間學習怎麼讚你的寶貝。舉個例子，當我們在街上碰到朋友，朋友知道你的孩子小一派位順利獲派入第一志願，禮貌上讚孩子「好叻仔喎」。謙虛的你，也許會回應「邊係叻呀，好彩啫。」可是孩子站在一旁聽到，自己只是靠運氣入讀心儀小學，不免會洩氣。

面對別人對孩子的讚賞，我們不必刻意謙虛否認，可以大方地說「他的確付出了很多時間溫習，他的努力現在得到回報了，我們一家都為他高興。」這樣的回應，肯定了孩子的努力，同時讓孩子知道大家對他的支持。如果有三姑六婆出於好心讚孩子「好靚女喎」，我們不必即時作出甚麼大反應，簡單微笑回應，之後再告訴孩子，「看來三姑很喜歡你，可惜她沒看見你那次幫妹妹穿鞋子的樣子，我覺得你幫助妹妹時一臉認真的模樣更討人歡喜。」

水能載舟，亦能覆舟，讚美的說話也一樣。老人家怕「讚壞」孩子，其實只要掌握稱讚的技巧，你的讚美就可以改變孩子。

2.4 / 尊重孩子 的選擇

孩子選擇自己要走的路，
走錯了路也不能怨天尤人。

一個真正獨立自主的人，他會有自己的喜好、思想和主張，清楚自己的方向，也會勇於表達自己的意見，不會人云亦云，遇到他不喜歡的不會輕易妥協，也會拒絕當別人的傀儡。

不要把Say No視為洪水猛獸

做人父母甚艱難，做人子女其實也從來不容易，因為我們都有輸打贏要的慣性。我們想孩子獨立自主，但當他有自己的喜好時，我們就會怪他揀飲擇食；當他表達自己的意見時，則怪他「駁咀」；當他不人云亦云時，就怪他不上進；當他不輕易妥協時，就怪他「硬頸」固執；就連他拒絕當別人的「傀儡」時，我們也會怪他不聽話。

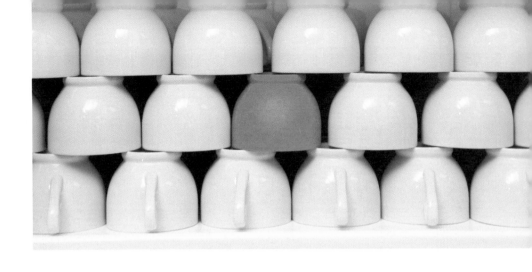

我們想子女「聽話」並不是為了滿足自己的控制慾，而是因為我們覺得自己比孩子知得多，能做比他們更明智的決定，甚至乎覺得自己的品味也比他們更好。換句話說，就是我們不信任孩子。我們曾經犯過很多錯，付出了代價，走了不少冤枉路，所以想為孩子指點一條明路，免得他們兜兜轉轉，浪費時間。但也許，人生就該多走些冤枉路，才能看到沿途更多的風景。

我們總把孩子的「No」視為洪水猛獸，每次他們不依我們意思做事時，我們都顯得不高興，甚至會生氣。為了維持良好的關係，有些孩子會寧願把心裡的那一句「No」吞回肚裡去，我們不知不覺間把他們塑造成一個個唯命是從的人，就連在至親的父母面前都不敢說不。到有一天，那個惡形惡相的損友把香煙毒品遞到他們面前，叫他們哪裡找來說「No」的勇氣？

學校為免學生在午膳時間在外結交損友，要求全校學生留校午膳。一個十七歲的學生，連在哪裡吃午飯這些小事都不能自己決定，卻要決定大學選科、幾個月畢業後該繼續升學還是出來工作。你叫他們怎麼拿得定主意？

從小事作主　探索喜惡

我們有我們的好意，但孩子也有他們的想法。讓他們在小事上做決定，他們便會感覺到我們對他們的信任，一個小小的話事權可以建立他們的自信心。但如果事事由孩子自己決定，他不願上學難道也任由他嗎？當然，做選擇不代表可以任意妄為，所以在給孩子選擇前，我們也要認清自己的底線。

幼稚園的孩子可選擇不參與老師另外發起的活動，但晨圈是每天大家聚在一起的時間，即使他們再不願意，聽到鐘聲，也得收拾玩具圍圈去。但要孩子中斷剛到精彩部分的的棋局，他們自然不願意。不過已經是晨圈的時間，也不能叫其他孩子在乾等。這時，孩子可以問老師拿個名牌放在棋盤作記認，他們不用即時收拾，可以等晨圈時間完結

後繼續玩。老師讓孩子選擇即時收拾與不，結果他們既不用放棄那棋局，又能同時守規矩去晨圈，一舉兩得。

做選擇的過程中能讓孩子作多方面的嘗試，認清自己的喜好，從而學懂自己分析利弊。德國學生都不用穿校服，有一天，四歲的Inga頭戴紅色碎花帽，身穿蝴蝶花紋連身裙，再在連身裙下多穿一條藍色花花圖案的中長裙，另外再穿了星星圖案的內搭褲和蝴蝶印花外套。見她一身充滿時代觸覺的裝束，我不禁走上前了解一下，發現那是她自己精心挑選的服裝。又有一次，小男孩Julius在他的長褲外，穿上了一條紅色花花裙來到幼稚園，一問之下，原來他很想效仿姐姐一樣。當然，在童言無忌的世界，幾乎所有孩子都問他為甚麼穿裙子。就這樣過了兩小時，他大概答得沒趣了，自己脫下了裙子。

其實讓他們自己決定穿甚麼，是放手讓他們獨立自主的一大步。如果怕孩子在冬天穿得太單薄，可以約法三章，一起制定二十度以下要穿外套等規矩。從眾多衣物中挑選自己喜歡的，其實絕不容易。他們的衣著口味也許跟我們有差異，但即使他們穿得一身奇裝異服，他們的臉上也有能發光的自信。再者，孩子界的時裝品味，你我都不會理解。但如果家長能讓他們在這些小事上作主，孩子便能從中探索自己的喜惡，將來成為一個有主見的人。

三歲的孩子自己決定穿甚麼上幼稚園。

自己做決定　勇於承擔後果

學會選擇，同時也是學會承擔責任。孩子選擇自己要走的路，走了錯路也不能怨天尤人。即使他們做錯決定，也要勇敢放手讓他們承擔後果。在幼稚園吃午飯時，我們都鼓勵孩子嘗試不同的食物。假若他們都拒絕吃，我們也不會強迫。可是，既然他們選擇不吃飯，便得承受餓的滋味。到了他們說餓時，老師既不會格外開恩，也不會落井下石，只會提醒他們下次茶點時間可以多吃一點。

免落於每每受擺佈

孩子選擇時要承擔後果，成年人給他們選擇時也應該要欣然接受他們的決定。飯桌上最常見到家長出爾反爾，「吃不吃青豆？」「不吃。」「不行，一定要吃！揀飲擇食哪得均衡營養？」。然後家長便順勢把青豆放在孩子碟上，並以不能浪費食物為名迫他們吃清光。明明我們給了孩子「吃」或「不吃」兩個選擇，但事實上我們只接受一個既定的答案。這根本就是假民主，而且比真極權更傷人。

如果根本就沒有「不吃」這個選擇，為甚麼要給孩子一個假希望？別要問他們「吃不吃？」，直接問孩子「吃多少？」，「要一點點、適中，還是要很多？」這樣問，孩子通常都會答得爽快得多。即使他們說「不吃」，你也能理直氣壯告訴他們，只能從「一點點」、「適中」和「很多」之間選一個。

我們既然給孩子自己做決定，也該給他們一個真正的選擇。孩子在買雪糕途中因為不見了玩具而放聲大哭，如果給他們要不「即刻收聲」，要不「無得食雪糕」兩個選擇，只會叫他們哭得更慘。家長該讓孩子知道自己跟他站在同一陣線，都很想幫助他平復心情，再一起去買雪糕。所以，我們可以給他「去洗個臉」或是「喊多一陣」兩個選擇。

自理只是獨立自主的第一步。自己吃飯、穿衣、上廁所，每個孩子也會學懂，沒甚麼了不起，但一個習慣自己做決定的孩子，會比每每受人擺佈的更清楚自己想要甚麼，他們都能懷著自信向清晰的目標邁進，這才是真正的獨立自主。

2.5／要跌趁早

學會放手讓他們跌，讓他們輸，
他們才學會在面對失敗時，
仍可昂首闊步地向前走。

有一次，四歲的Janosch在球場跌倒，擦破了膝蓋舊有的
傷口，血一直流，他一臉痛苦的緊皺著眉，但卻沒有哭。
我帶他去洗傷口包紮，叮囑他要小心別再跑，免得又擦破
傷口，他認真地點點頭。沒過幾分鐘，他又再開始跟其他
孩子互相追逐，這就是孩子。他們的復原能力比成人高，
他們不怕跌倒受傷，哭過痛過後便可以再爬起來向前衝。
所以當他們還是孩子時，應該不斷從跌倒中學習如何爬起
來，再學習怎麼不再
跌倒。

學校過於「愛子心切」

放手讓孩子跌這個道理很多人都明白，但知易行難。家長捨不得放手，學校又怕得失家長，結果中學生被當幼稚園生養。

有些學校「愛子心切」，會推出一系列的政策保護學生：

1. 為免學生忘記注意個人衞生，學校在早會時間會突擊檢查，一班中學生伸手出來讓老師檢查手指甲，指甲過長的會被點名警告。

2. 為免學生抄漏手冊導致欠交功課，學校規定初中的學生放學後有二十分鐘的班主任時間，學生要利用那二十分鐘把黑板上的家課抄到手冊上，再跟鄰座同學交換手冊，互相核對簽名。

3. 為免學生到校外午膳時誤識損友，學校規定全校學生必須留校午膳。為免學生在午膳時間「無王管」，全校老師於午膳時間也要留校監督。

4. 為免學生在放學後到處流連，學校安排老師每天在放學後當值到校外商場巡查，所有穿著校服在附近餐廳聚集的學生，一律被記名處理。

5. 為免學生在考試期間過於懶散，每科考試之間的小息時間，全級學生須到小食部溫習，並派老師到場監察，防止學生喧嘩。

6. 為免學生在考試提早放學後不會自律習，學校規定初中學生必須全部在班主任看管下在課室溫習一小時。

7. 為免學生在郊野公園發生意外，一年一度的學校秋季旅行，除了畢業班可到郊野公園燒烤外，其他級別學生均指定到度假營「旅行」。擔心學生在度假營自由活動時出意外，學校更規定學生每小時要全組向老師報到。

說香港的中學生被當幼稚園生養，實在有點不公平。因為兩者根本不能相比，德國的幼稚園生比香港中學生自由得多。

透過爬樹學保護自己

在德國幼稚園工作初期，我遇到唯一的困難就是不知道甚麼時候該說「No」。我還在香港時也讀過不少有關德國幼兒教育的文章，知道他們主張放手讓孩子自己探索，但當真正見到孩子在花園爬上樹時，我竟不知道應否制止。德國人和香港人對「安全」的標準不一，在香港，如果學生爬上校園內的樹上，老師必定會制止，還極可能會交由訓導老師記缺點、見家長處分。但德國人認為孩子們爬樹是對手腳協調的最佳訓練，他們爬到樹上，還會大叫老師，看看他們爬得有多高。

不少心存開放態度的家長大概會覺得，只要做足安全措施，孩子爬樹也沒問題，我也能放手讓我的孩子爬樹。我們的花園樹下並沒有防跌軟墊，孩子也沒有佩戴安全帶，聽說之前有孩子曾經在樹上跌下來，斷了手骨，但這沒有打消其他孩子爬樹的念頭，老師也沒有因為那次意外而禁止孩子爬樹。在香港，這是絕不可能發生的事，但在德國，老師都會覺得有孩子從樹上跌下來只是意外，只要孩子不爬得太高，而且小心扶緊，便不會有問題。加上，孩子在幼稚園不爬樹，也能爬別的地方，既然我們制止不了，不如讓他們多練習，學會怎麼保護自己。

孩子自由大　解難力更高

在香港，就連已經十幾歲的中學生，學校也要全天候監察，不論小息、午飯，甚至放學時間也不容鬆懈。相反在德國，我們幼稚園的孩子卻不是時刻都在老師的視線範圍內。

在室內，孩子可自由到不同的活動室玩，在角色扮演室、桌上遊戲室、積木室、閱讀角等為靜態活動而設的活動室，即使老師不在場，孩子也可以自己玩。至於有攀爬架的體育活動室和室外有蓋平台，由於孩子會追逐，跌跌撞撞的機會較高，年少的孩子想入內，必須有老師在場，但五歲以上的孩子，卻可以問准老師後自己玩。

每天到花園或樹林遊玩時，孩子都四散在花園每個角落，老師坐在花園中間，未必能時刻把每個孩子的一舉一動看在眼內，但這卻讓孩子更獨立。孩子之間難免有爭執，如果老師每次都即時制止，他們便沒有機會自己解決糾紛。他們遇上問題時，因為老師不是侍奉在側，遠水不能救近火，所以他們第一時間要先自己解決，解決不了才跑去找老師。

當他們來跟我「投訴」其他孩子搶了自己的玩具時，我不會第一時間問責，反而先問「你喜歡這樣嗎？」（Do you like it?）這看似無謂的問題，卻能叫孩子把重點放在自己的情緒上，而不是在對其他人的怒氣上。然後因應孩子的回答，我會判斷他們是否有信心和勇氣單獨面對問題。如果孩子能堅定地告訴我他不喜歡這樣，我便會鼓勵他勇敢地自己去開口取回玩具，並讓孩子看到老師一直在遠處觀察著；如果孩子回答時顯得不太肯定，我便會拖著他的手，跟他一起走去討回玩具，讓他可以在老師的支持和鼓勵下自己解決問題。

放手是對孩子的信任

孩子每天跑跑跳跳，跌倒撞傷是常事，如果每次跌倒，一哭就有人抱著哄，換著是我也會賴在地上等人抱。在德國，孩子在花園跌倒，老師不會衝上前，而只會離遠觀察孩子有否受傷，然後叫孩子過來讓老師檢查一下，於是孩子便會學會自己站起來。

孩子在花園時，想上廁所或是喝水，會先去告知老師，而我們會詢問孩子是否需要幫忙，若孩子自己覺得不需要的話，我們便會由得孩子自己上樓梯回去樓上幼稚園的洗手間，自己解決。如果孩子過了一段長時間還未回到花園，我們才會親自到樓上看看孩子的情況。

放手，其實是對孩子的信任，相信他們可以自己照顧自己、解決問題、面對困難和明辨是非。成年人對孩子的信任，是最大的鼓舞。

孩子往往比我們想像中堅強、硬淨，只要我們別把他們養成溫室小花，他們便可以自己面對很多問題。

跟孩子玩不用讓賽

那流血後還繼續跑的小男孩Janosch很喜歡玩記憶遊戲，他常找老師跟他比試。那套有三十對圖畫組合的記憶遊戲可真不是小兒科，有不少老師跟他對戰時，都會因為分心而輸得慘烈。每次我跟他玩時，我也會加倍留神、全力以赴，從不會故意讓賽。有一次，他輸了，他搖搖頭微笑著說：「有時你會贏，有時你會輸，這就是人生。」（Manchmal gewinnst du, manchmal verlierst du. Das ist das Leben.）然後，他再準備第二回遊戲。

在新學年，Janosch因為舉家搬屋，他會轉到另一所幼稚園，在離開幼稚園前跟所有老師逐個擁抱道別後，他送了一幅畫了一個大紅心的圖畫給我。後來，他媽媽走來跟我道別時告訴我，這麼多老師中，他只畫了一幅畫送給我。我看看那幅畫，上面寫著「Janosch很喜歡跟你玩記憶遊戲」。我想，他應該知道，當初我跟他玩記憶遊戲時，真的是竭盡全力，沒有刻意讓賽。對他而言，這大概是一種信任和尊重，所以即使他知道會輸，也喜歡跟我玩。真正的輸得起，不是對失敗毫不在乎，而是因為在乎而再接再厲，深信自己終有成功的一天。

我們常說「失敗乃成功之母」、「從錯誤中學習」，但卻處處護著孩子不讓他們失敗跌倒。人年紀愈小，犯錯的代價也愈低，所以最好就是讓孩子在童年時把一生該犯的錯都犯了，從此不用為錯誤付上高昂的代價。

學會放手讓他們跌，讓他們輸，他們才會學會在面對失敗時，仍可昂首闊步地向前走。

2.6 小學新里程

升小學不僅是孩子的一個重要里程碑，
對家長而言，
也是教育孩子的一個重大轉變。

升小學是一個重要的里程碑，德國人會隆重其事，為孩子
迎接人生的一個新階段。在小學開學禮上，會見到一家大
小，連同祖父母、叔叔姨姨陪同新生一起出席，就連我們
幼稚園小學託管部的老師，也會獲邀一同參加這個孩子
的盛事。這一天，孩子們背起書包，手上捧著圓錐形的
Zuckertüte，一臉自信地踏入校門，開展他們期待已久的
校園生活。

小一入學禮。

Zuckertüte 是圓錐形的糖果袋。　　　　　　孩子畫出學校路線圖及進行路線訓練。

完成家課　自由活動

升讀小學以居住的區域劃分，因此幾乎所有學生都可以步行回家，而且課後的小學生託管中心（Hort），也是在學校附近。基本上，小學生由上學、到託管中心至下午回家都不用家長接送。沒有跨區上學之苦，小學生省了舟車勞頓的時間，早上可以多睡一會，回家後也有時間放鬆休息。

小學託管對象是小一至小四學生，在小一新生開學初期，我們的小學託管老師會到學校接放學，訓練學生從學校回到託管中心，由一開始在班房門外接，到之後一行幾個小一生自己走一段路跟託管導師會合，到最後，他們便要自己從學校走回託管中心。這個二十分鐘的路線訓練，不單單是要訓練孩子獨立，而是要他們顧及他人的一個考驗，他們每次過馬路，也要等齊幾個同學，大家互相照應。

7. Silben im Wort erkennen
8. mit der Schreibtabelle schreiben

Bitte schreibe alleine!

德國老師要求孩子自己做家課，以反映他們真實的學習進度。

小學生來到託管中心會有不超過兩小時的家課時間，他們大部分都可以在一小時內完成家課，然後自由活動。託管導師會檢查他們有沒有完成家課，他們在做家課不明白時，導師也會解答，但這裡不是補習班，導師不會跟孩子溫習測驗考試，當學生功課因一時大意做錯了，導師會提示他們改正，但如果學生堅持自己的答案是對的，我們也不會強迫他們改正，反而會由得他們直接把功課交給老師，好讓學校的老師知道學生的程度。逢星期五，都是託管中心的「無家課日」，雖然學校老師仍然會安排家課，但小學生們不會在託管中心做家課，這個周末前的一天，他們可以花整個下午的時間跟其他朋友一起玩。而家課則會留待回家才做，這樣的安排，讓平日工作繁重的家長，可以在周末時間，跟孩子一起做家課，讓他們自己了解孩子的學習進度，同

時也提醒了家長，督促和指導孩子做家課，不只是託管中心和學校的
責任。

老師在旁觀察

小學生比幼稚園生有獨立的思想，同一套教育方式和規矩不能同時套
用在三歲和十歲的孩子身上，所以即使共用同一個樓層，小學生和幼
稚園生也會有不同的規矩。小學生只要問准老師，便可以自己到樓下
花園玩，不一定要時刻在老師視線範圍內。小學生在託管中心比較多
自己主導的活動，他們不需要老師每天安排節目，老師的角色只是在
旁觀察，在他們需要幫助時引導他們解決問題。

孩子到了小學，學到的愈來愈多，會知道怎麼跟別人相處，也會知道
自己的喜好，作為成年人，我們也不再可以以單向的形式要孩子合
作。所以我們在星期五無功課日，安排所有小學生在飯後一起開一個
「兒童會議」（Kinderkonferenz）。託管老師會主持會議，引導孩子討
論不同的「議案」，同時也擔當維持秩序的角色，確保孩子尊重其他人
的發言權，不隨便插嘴。他們討論的事項包括誰人負責把功課室的桌
椅搬好、誰人負責餵我們的寵物老鼠。開學第一個星期，我們開了一
個緊急會議，向小學生們反映其他老師對他們的表現不滿，投訴他們
聲浪過大，又在走廊橫衝直撞，我們把情況道出後，孩子們紛紛舉手
表達意見，有的分析他們表現欠佳的原因，有的提出解決方法。小學
四年級的Quinn負責寫會議記錄，他把他們討論得來的規矩記下來，
然後把所有規矩讀出來，不同意的孩子可以舉手發表意見，到最後所
有通過的規矩，會由孩子自己寫在大畫紙上並簽名作實。

讓孩子感到意見獲重視

孩子正式上小學，自己的思想和主見愈來愈強，我們不能再用由上而下的管教方式要求他們「聽話」。老師很少會用喝罵的口吻跟孩子說話，而是會一臉認真跟他們說我們不接受他們的行為，直接要求他們改善。這樣平心靜氣的說話，未必每次奏效，尤其是那些已經習慣橫行霸道不守禮的孩子，可是那些孩子，也不會因為喝罵而立即改善。喝罵可以暫時令孩子「聽話」，但如果只有喝罵而沒有充分的理由，只會令孩子深深不忿，這樣不僅破壞我們和孩子的關係，也會讓孩子深信「大聲就是真理」。當我們指責孩子時，他們的自我保護意識促使他們找藉口推卸責任，甚至惱羞成怒發脾氣。我們要讓孩子知道我們會尊重他們的想法和意見，跟他們一起認真坐下來談談怎麼減少大家的衝突，用紙筆寫下來，讓他們感覺到成年人也會重視自己的意見。

我們都希望孩子聽聽話話，當他們不守規矩時，我們會覺得他們野蠻不講理。但試想想，有推銷員自己擬了一份合約，要你每月付會費，你不簽約不付款，推銷員便怪你野蠻，你覺得怎樣？

規矩是成人定的，孩子可沒有同意，當他們拒絕遵從時，便被怪責，無辜孩子當然會覺得深深不忿。在怪責孩子之前，不如讓他們參與訂立規矩的過程，由他們衡量自己可以怎麼跟我們合作，我們要的是以孩子為中心的規矩，而不是為守規矩而存在的孩子。

升小學不僅是孩子的一個重要里程碑，對家長而言，這也是教育孩子的一個重大轉變。家長在孩子上小學時，要學懂放手，讓孩子自己負更多責任，只有我們相信孩子，他們才能相信自己可以走得更遠。

第三章：
啟發求知精神

我們不必刻意安排節目，
去一趟超級市場，
也可以讓孩子大開眼界。

3.1 走遍春夏秋冬

孩子雨天踏水窪、晴天曬太陽、
春天看植物、夏天玩水、
秋天掃落葉、冬天堆雪人。

人在香港，想在鬧市中找到一片綠洲不容易，香港的孩子
未必可以像德國孩子般每天花時間探索大自然。但是要孩
子在日常生活中找樂趣，不一定要每天去樹林草地。即使
住所附近沒有樹林，天空依舊會下雨，下雨時，我們可以
帶著孩子走到街上在雨中撐著雨傘、踏水窪，讓他們聽聽
雨聲，孩子同樣享受。

差不多每天在戶外玩

提到德國幼稚園，不少人會立即聯想到樹林。在網上有不
少文章提到德國孩子一年三百六十五日都會到戶外玩，到
底事實是否這樣？

德國天文台沒有紅雨黑雨，也沒有八號風球，無論天氣怎麼惡劣，學校還是照常上課。我的同事告訴我，她女兒由幼稚園到大學，只有一次因天氣太惡劣而要停課，那次，積雪有一個成年人的腰那麼高。

德國人常說，沒有壞天氣，只有不適當的服裝。家長要為孩子準備好適合天氣的服裝。我們的確差不多每天都在戶外玩，園內本身有三個花園，天氣好的話，孩子會花三至四個小時在花園玩，但冬天天氣冷時，我們只會在戶外留一兩小時，當孩子和老師都覺得太冷時，便會回到室內去。大多數的孩子也會有雨靴和雨衣在自己的衣帽間，所以即使下雨，我們都會讓孩子到戶外去。不過，我們幼稚園並不如網上說的一樣，風雨不改一定到戶外玩。如果是狂風暴雨，我們都會留在室內，或是讓部分孩子到運動室或有蓋平台玩。

有人說德國人會盡量不讓孩子穿得太多，即使漫天飄雪孩子也衣衫單薄。但其實，德國老師並不是傻的，上幼稚園也不是軍訓。老師見孩子衣衫太單薄，也不會由得他們冷著，我們會要求孩子增添足夠衣服，才讓他們走出戶外。夏天太陽猛烈，孩子也要塗上防曬油，戴上太陽帽才可以去玩，準備不足的孩子，就只可以留在陰涼的地方玩，不能像其他孩子到處走。

到樹林探索

由於幼稚園離樹林的路程只有五分鐘，因此每逢星期二，我們都會到樹林散步，並在樹林中心的大草地自由活動。自由活動沒有玩具提供，孩子可以自己從樹林找「玩具」，自發地玩遊戲，也可以安靜地

躺在草地上小睡片刻。他們會自己把樹枝搬來搬去，又會在地上撿樹葉，偶然還會發現不同的野生果實，往往在不知不覺間便消磨了兩小時。

孩子雨天踏水窪，晴天曬太陽；春天看植物，夏天玩水，秋天掃落葉，冬天堆雪人。我們讓孩子到戶外玩，背後並沒有甚麼偉大的理念，孩子的本性就愛玩，只要他們盡情的玩，從玩樂中找到樂趣，自然對其他新事物有興趣，自然會勇於嘗試，自然有求知的精神，有了學習的動力，才能好好學習。

接觸不同事物引發求知慾

德國孩子多接觸大自然，於是他們會對花草植物感興趣。香港的孩子不是每天接觸大自然，但同樣可以接觸不同的地方和事物，從而引發求知慾。其實我們要孩子到戶外玩，只是不想孩子整天困在同一個地方內，可以轉換一下環境。我們不必刻意安排節目，就連去一趟超級市場，也可以讓孩子大開眼界，讓他們見識不同牌子、不同產地的米，從形狀上觀察它們有甚麼分別，又可以跟孩子解釋米是如何製造的。就連一粒米，這些生活中的小事物也可以引發不著邊際的聯想。

這樣想來，德國孩子每天都只是到大自然去觀察花花草草，但香港孩子卻可以今天到超級市場，明天到士多，後天到街市，他們可以接觸新事物的機會，絕不比德國孩子少。只要我們肯花時間陪孩子，肯給時間他們慢慢觀察，香港孩子也一樣對身邊的事物充滿好奇。

3.2 「慢」遊哲學

大人甚麼事都要快，
叫孩子怎麼學習專心致志。

如果每個發明家思考時，都被爸媽喝止「不要發夢」，也許
我們到了現在還在鑽木取火。

偉大發明由白日夢開始

讓我們來改寫一下牛頓發現萬有引力的故事。有一天，牛
頓如常在蘋果樹下溫習時，被蘋果打中了頭，他拿起蘋果
忽發奇想，為甚麼蘋果向下跌而不是向上升？旁邊的爸媽
看見牛頓在發呆，立馬向他大喝一聲：「發咩夢呀，繼續溫
書！」他便乖巧地把蘋果放低，繼續溫習。就這樣，牛頓
最後沒有發現萬有引力，繼續做他的高材生。然後，就沒
有然後了，因為我們根本都不會認識他。

世上有多少偉大發明，都是科學家發明家發白日夢而來的，每台機器都必先有背後的構思才能實際動手做。發明電話、多士爐、微波爐、洗衣機的，都是懶人。他們不想慢慢用傳統費時的方法做事，於是想出一個「走捷徑」的方法。那發明洗衣機的「廢青」，當所有人都在用手洗衣服時，他懶散地坐在一旁，一邊看母親大人努力用手洗衣服，一邊想自己怎麼可以避開這乏味的工作，這樣一個想偷懶的念頭，加上知識為基礎，促成一部洗衣機的誕生。但如果每個發明家思考時，都被爸媽喝止，也許我們到了現在還在鑽木取火。知識固然是不能或缺的基礎，但這些發明都不是埋首做、做、做就可以成就的，而是經過長時間反覆思考而成，一個概念的構思是迫不出來的。

散步期間，孩子們停下來觀察消防員用雲梯換燈泡。

給孩子時間和空間靜靜觀察

有一天我們在幼稚園吃午餐時,六歲的Jill吃得很慢,其他孩子都吃飽飯、收拾乾淨,都去了刷牙的時候,只剩她一個人依然坐著慢慢吃。我見她獨個兒坐著,便走到她身邊坐下來,跟她閒聊數句。

Jill:為甚麼這些餸菜的汁有橙色的點點?

我:那是從番茄和燈籠椒而來的顏色。番茄和燈籠椒本身都有顏色,煮熱後顏色便顯露出來了。

Jill:(用叉撥撥餸汁)為甚麼他們都不會沉底?

我:因為你看到的點點是油,油比水輕,所以會浮起來。

當我們看到孩子對著飯碗動也不動,可能會覺得不耐煩,催促他們吃快點。但其實,他們可能正靜靜觀察身邊微小的事物。

孩子想玩 何必打擾

有一次幼稚園訂了旅遊巴，連同家長和全園孩子一起出發到科學園。這是一年一次的大型參觀活動，但由於孩子還小，我們只能在那裡逗留數小時便要起程回去，扣除午飯時間，孩子實際可以玩的時間不多。那個科學園有各式各樣的玩意和實驗，孩子可以即場自己混水泥建磚牆、可以把穀物磨成粉製包，還可以穿上非洲部落的民族服學他們怎麼用頭頂著水桶到處走。總而言之，孩子可玩的多的是，短短幾小時絕不夠孩子試玩完每樣玩意。

以成年人的角度看，我們當然要好好分配時間，務求在有限的時間裡玩得最多，方為理想。於是我們在心中已盤算著每個遊戲只能玩十五分鐘，之後便帶孩子到下一站再開眼界。但現實和計劃之間往往有落差，幾個孩子見到積木，竟然坐下來慢慢砌，不願意離開。我們成年人會計算，難得付了入場費來到這裡，當然要玩一些平時沒有的玩意，在這裡玩積木，是何等浪費，但他們卻砌得樂而忘返，即使老師告訴他們，前面還有更多新奇好玩的玩意，他們都不為所動。

老師看著他們專心致志地砌積木，砌出各種不同的東西，突然有一番領悟。既然孩子想玩，我們何必要打擾他們呢？

孩子需時間慢慢成長

我們都明瞭「坐這山，望那山，一事無成」的道理，但為何孩子明明在專心地玩著，我們卻非要打擾他們？我們都希望孩子上課做功課時專心一點，但卻每每不自覺地削弱了他們的專注力。他們明明可以好好專注一小時玩積木，我們卻只給他們十五分鐘便要他們停手；他們明明可以自己慢慢花十分鐘自己穿上襪子，但我們總在兩分鐘後忍不住出手「幫」他們。有多少次，我們在不知不覺間把孩子從全神貫注中抽離，我們從不給孩子一小時好好專注坐在窗前看雨，但當他們在學校時，我們卻奢求他們可以突然安安靜靜地專注聽講八小時。

在香港，甚麼都要快，甚麼都要趕。在香港，是日套餐叫「快餐」，這個毫不吸引的名字，道出了香港人的生活節奏，他們不求「精選」，只求「快」。不是每個孩子都能跟著我們快速的步伐，他們都只是孩子，需要時間慢慢成長，事事要趕要快，只會為孩子和自己徒添壓力。又不是天塌下來，何必要趕、趕、趕？

給孩子多點時間，別打斷哲學家的思考。

孩子在見證花園攀爬架的落成。

3.3 / 學習的動力

書可以死背，
但一顆好奇的心卻死背不來。

家長為孩子安排興趣班，學校為學生編排課程內容進度。有人說，孩子六歲前的腦袋好比海綿，很快便可吸收所有知識，這個時候學甚麼都快。如果好好利用這個「海綿期」，日後學習也不用那麼吃力。這說法當然有它的道理，可是，孩子也是這麼想嗎？要求孩子學習十八般武藝，但他根本不知道為甚麼要學，只知自己每天忙得沒時間玩、沒時間休息，久而久之失去了學習的動機，更埋沒了一顆好奇的心。即使這樣，我們也在所不惜嗎？

書可以死背，但一顆好奇的心卻死背不來。

孩子是「玩」的專家

「玩」是一門學問。很多時候，成年人看見孩子拿著玩具亂玩一通，會覺得他們不懂玩，進而教懂他們怎樣按照遊戲

孩子誤打誤撞發現了槓桿原理。

說明書上的指示去玩。但其實說到玩，孩子的道行可是比大人高出好幾倍，他們總能夠從每件平平無奇的事物當中找到新奇的地方，即使是滿地泥濘也可以成為他們的遊樂場。

所以，「玩」其實是孩子的本領，他們比受過社會洗禮的成年人更懂何謂「玩」。這解釋了為甚麼有時候我們為孩子精心挑選的玩具，也不及一個紙皮箱叫孩子玩得開心，因為孩子自身的想像力和創意就能成就無限可能。

在森林和原野沒有玩具，幼稚園每星期一次的森林遊，目的是讓孩子自己在大自然中發掘新奇有趣的事物。有一天，他們找來了樹枝和大石，誤打誤撞發現了槓桿原理，他們反覆試驗，把樹枝放在不同的位置，看怎樣才能發揮最大的力量。一趟郊遊，孩子可以學到的，根本不能在課程中計畫。

原來沒有目的的玩樂，可以真正讓孩子擺脫課程的框架，自己發掘他們有興趣學的事物。

好奇心促使尋找答案

德文有個詞「Entdeckerfreude」，可簡單譯作發掘的喜悅。還記得早前在網路上引起熱話的那條不知是黑藍色還是黃白色的裙嗎？我們終於看到端倪當下那個「哦……係喎！」的反應，大概就是發掘的喜悅。然後，我們會問「點解嘅？」為了尋求答案，我們會跟朋友討論分析，在網上查資料，一次看不明白，我們會多看一次，直至得到滿意的解釋為止。想當年我們上生物課，老師講解眼球結構時，我們有這麼留心過嗎？

要知道，唯有好奇心能夠促使我們自動自覺地去尋找答案。

幼稚園三年，孩子雖不上課學寫字，但他們有三年時間，慢慢知道識字的重要。他們會想學認字，更會想學寫自己的名字。平日我們到花園遊玩，孩子口渴想喝水時，要自己從幾十個貼有不同名字的膠杯，找到屬於自己的那一個，就這樣，他們每天找，除了認得自己的名字寫法，還會慢慢認得其他同學的名字。

此外，孩子都會執筆畫畫，畫好一幅畫後，他們會想在畫上寫下自己的大名，於是他們會問老師寫法，老師便會把他們的名字寫一次，讓他們自己照著寫，久而久之，他們不用問老師也懂得寫自己的名字，甚至會走到其他孩子的儲物格前，把朋友的名字慢慢抄到畫作上，作為送朋友的禮物。我們不用硬性規定孩子坐下來上課，他們反而會自己送上門，要求學寫字，這就是學習的動力。

生活所需產生好奇心

有一天，五歲的Jonas走來問我
他可否到活動室去，但當時其他
孩子正在午睡，所以我告訴他，
還有半小時便到二時正，到時其
他孩子睡醒了，他可以再來問老
師。他指指牆上的鐘，問我指針
要走到哪裡才是半小時，我便教
他看著分針，當分針由「6」走
到「12」時，便是半小時。然後
又有幾個孩子走來嚷著要坐在鐘
前等，其中一個提議大家跟著秒
針數。此時，我把握機會考他們
秒針要走多少才是一圈，他們答

「六十」，於是我看著孩子坐在鐘前一起慢慢由一數起來。如果一開始
便要孩子學數一至六十，他們也許會覺得悶，但當我們把握生活上的
機會，讓孩子自行發現數數是生活所需，他們便會產生好奇心，即使
不斷練習也不會覺得是一件苦差，更能從中找到樂趣，這樣學起來便
會更起勁、更有效率。

一個牙牙學語的幼兒，每天可以聽到很多說話，當中聽到自己的名字
和大人說話時的助語詞如「呀、喎、啦、吓」等的頻率很高，但他們通
常第一個開口說的生字卻是「媽媽」或「爸爸」。當他們嘗試發音叫「爸
爸媽媽」時，會得到父母興奮的回應，孩子看得開心，於是不斷練習這
兩個單詞。而且，他們也知道「爸爸」和「媽媽」是最有用的兩個單詞，

無論有甚麼需求，只要叫「爸爸媽媽」便得救。所以對幼兒而言，先學會叫「爸爸媽媽」比學自己的名字更迫切，亦可以學得更快。這證明了本身學習的意欲和動力，比起密集式的訓練更有效。

考試應只是學習的催化劑

德國教育以孩子在幼稚園的三年間，啟動孩子對學習的意慾，讓他們將來更能以學習的心態投入小學的課程。因為三年的等待，使他們急不及待擺脫文盲的不方便，做個知識分子，跟大人看齊。但香港教育在所謂「贏在起跑線」的冒進風氣下，在幼稚園的僅僅三年，便把孩子學習的意欲消耗殆盡。老師為考試而教，學生為合格而學。以我當年教英文為例，學生很喜歡問一個問題：「這些考試會考嗎？」學英文本是為了溝通，為了打開通往國際的大門，眼見全世界最經典的流行曲、電視劇和電影都是主要以英文出品，還有數之不盡的國際巨星，他們講的都是英文，一個會英文的人比起只會廣東話的，多了幾十倍的娛樂。論到學習的動力，英文絕不會比其他科目低。偏偏在現今的教學制度下，學生的考慮並不在於這些好處，他們不在意自己的英語水平是否足夠讓他們唱得到 Bruno Mars 的歌、看得懂荷里活電影、讀得懂原版 Harry Potter 小說，亦不關心自己能否以英文跟來自世界各地的人溝通，他們只關心考試的成績。

對很多學生而言，英文學不好沒所謂，反正都只是為了考試，只要在成績表上顯示英文科合格就夠了。如果老師所教的不是考試範圍，何必執著理解透徹？每年四次測驗考試，每次八九個科目，連睡覺的時間都不足夠，哪有閒情逸致學考試不考的「花邊知識」？

考試無疑能夠給學生一個溫故知新機會，把一個學期學到的知識重新溫習一遍並鞏固基礎，我們應該是為了學習才考試，而考試只能是學習的催化劑，讓學生更上一層樓。但當本末倒置，大家都只為考試而學習時，學習就已經失去原本的意義。如果學習是為了考試，不上學就沒有考試，那就不用學習了。

我們沒辦法讓孩子永遠避開考試，但當家長和教學者能夠抱著不同的心態面對升學考試等課題時，便等於賦予了孩子學習的動力。在學校之外，請給孩子喘息的空間，重燃他們第一次踏入校門時的雄心壯志。

3.4 / 留白

／ 孩子每天的行程密密麻麻，
不知該怎麼停下來，不知該怎麼打發時間，
不知怎麼跟自己獨處。

走在路上，也可以看到德國人和香港人的分別。在香港，無論是等車等人或在車上，即使是短短十分鐘，香港人都要找些事做。不論是聽音樂、看書閱報，抑或玩電話看新聞的人都隨處可見，但確實難以找到一個單純呆著等車的香港人。反觀我在德國觀察到的情況，很多時，德國人等車就真的在等，就連坐巴士時望天打卦的人也比低頭玩電話的人多，這大概是由小到大生活習慣的不同所致。

幼稚園不設長假期

德國每個省的學校都由政府劃一安排假期，所有中小學都是在同樣時間放假，但幼稚園卻不在其限。

幼稚園沒有學生假期，每間幼稚園「放假」的日子都不一樣，很多幼稚園的網頁都會列明每年幼稚園有多少天「休假」。有些幼稚園更標榜全年無休，意思是除了星期六日及公眾假期外，幼稚園不會有關門的日子。

全年無休？沒有長假期，德國孩子可不是比香港孩子更可憐？少年，你太年輕了。你以為全年無休真的是全年無休嗎？由於德國幼稚園沒分班、沒課堂、沒功課和考試，孩子可以隨時請假，用不著擔心跟不上學習進度。幼稚園全年無休，只是為了方便家長自行安排假期。

在德國工作，法例規定最少要享有四星期年假。換言之，一星期工作五天的打工仔，最少會有二十天大假。如果幼稚園休息的日子，跟其他中小學一樣，家長在假期間帶孩子去旅行也是要捱貴機票，所以有不少家長都喜歡全年無休的幼稚園，讓他們可以自由安排假期跟孩子一同去度假。

大部分孩子，除了我們幼稚園休息的日子外，都會額外請假。他們放假，很多時會到外地度假或是去探望祖父母，很少會留在家裡，所以假期興趣班在德國沒甚麼市場。

香港校園生活節奏急促

至於香港的學生，以我之前教的中學為例。一個普通全日制學生的生活：學校八時響鐘，四時下課，每日四時十五分開始是「課後活動」。全校師生留校午膳，學生吃午飯的地方，就是他們由早坐到晚的書桌。雖說午膳時間大約有一小時，但學校規定學生午飯後，沒有老師的監管下，不得留在班房。換句話說，學生要二十分鐘內吃完飯盒，扣除祈禱、派飯和遲落堂等瑣碎事，學生只有十至十五分鐘時間吃飯。之後全班便要離開課室到操場各自休息去。這已是最「正常」的

午飯時間，因為當遇上臨近測驗考試，學生放學時間都會全部約滿，所以每月一次的級際科目小測，便要安排在午飯時間（沒錯，這是無傷大雅的小測，但學校始終認為學生會「通水」，所以要找一個時間全級一起測驗）。

當中有一次，英文科小測被安排在午飯時間內。午飯鐘響起，老師便要在課室內等待學生，由派飯到吃飯，老師也要一直催促。

之後收飯盒和派卷測驗，也是一直趕趕趕，終於可以叫學生起立放走他們，這時上課鐘聲卻偏偏響起了。當下，其中一個中一生大聲說了一句：「哎呀，又無得落去斟水喇！」這一句話直錐我心，學生已經被迫得體無完膚，他並不是想去玩，只想到操場斟水，可就連這樣的時間，我們也不能容許。那一刻，我沒回應那位學生，因為我實在不知道該怎麼回應。而那句話，我一直記在心裡，因為我是一個幫兇。

思考和消化時間欠奉

除了午飯時間要測驗外，香港學生放學也不等於可以休息，因為學校會為他們安排一連串的「課後活動」。

首先學校會要求初中的學生在放學響鐘後，留在班房抄好家課冊，班主任亦會親自到課室督促學生，結果學生在鐘聲過後二十分鐘才能夠正式「放學」。「放學」後，星期一、三、五分別是低年級的中、英、數的補底班，高年級生則是補課，星期二是學會活動日，星期四是宗教活動，因此不少學生每天放學後都必須留校。有些學生因為欠功課留堂、小測不合格要補測，留校到天黑也是等閒事。遇上良心僱主，打工仔或能準時下班，但所有學生放學後，卻都逃不過要做功課和溫習的命運。朝八晚五在學校上課，回到家要溫習做功課，一個學生有多少時間可以放鬆，大家有數得計。

好吧，平日再怎麼忙，只要放假時好好休息一下，不就好了嗎？每當學校有長假期，學校都會出一個補課時間表，所有中四至中六學生都必須按時回校補課，補課時間為星期一至六，上下午各三小時。

這就是香港學生的生活。由星期一至星期日，由早上起來一直到晚上睡覺，每一秒都忙得不可開交，每天的行程都被學校安排得密密麻麻，每一刻都有人安排他們該做甚麼。先別說甚麼休息是為了走更遠的路，就當他們每分每秒也該在學習，我們也得給他們思考和消化的時間吧？

德國孩子要自己找節目

德國人給予孩子很多空間，以我們幼稚園為例，老師不會填滿孩子的時間表，孩子大部分時間都要自己找節目，所以他們也習慣在百無聊賴中，自己找尋樂趣。孩子的好奇心，只有放慢腳步時，才能釋放出來。有時候孩子就坐在窗前觀察天空也能引發思考：為甚麼天空是藍色的？為甚麼會下雨？為甚麼雲朵有不同的形狀？走馬看花，只會錯過沿途的風景；給孩子時間，他們才能觀察身邊的事物。

香港人習慣填滿生活上所有空間，他們不知該怎麼停下來，不知該怎麼打發時間，不知怎麼跟自己獨處，因為他們從不習慣靜下來。他們從小到大都不斷把「知識」灌入腦，腦袋只會做「儲存」的角色，卻不懂主動創造和思考問題。

香港的學生在不少國際性考試上，比起同齡的歐美學生，的確取得不錯的成績，但為甚麼最後獲得諾貝爾獎的，都不是香港學生？為甚麼香港學生只會讀死書？考試或者可以搬字過紙，但各科目上的實際應用並不能靠死記硬背。就當香港學生朝八晚五上課時學的都記入腦了，他們有時間消化嗎？他們有思考的空間嗎？

慣常玩樂中留一點白

德國幼稚園的孩子，幾乎每天都會到花園玩至少兩小時，老師不會安排節目和遊戲。我們花園沒有甚麼遊樂設施，五十五個孩子共用兩個

鞦韆，還有一個放滿室外玩具的儲物屋。孩子可以自己踏單車、溜滑板車、踢足球，或是耙泥堆沙。但逢星期一是「無玩具日」，玩具屋不會開放，孩子得自己找事做。沒有了玩具，平日習慣每天搶著推泥頭車的孩子，此時就要發揮創意，思考自己可以玩些甚麼打發時間。

他們會爬樹，也會自己在地上撿來樹枝，然後花一小時堆一個松鼠屋。有的會到處搜集奇形怪狀的石頭，有的會在花園裡的果樹間穿梭。有時幾個小朋友會結伴自發玩遊戲，有些更會在泥濘中捉來一條蚯蚓，捧在手心興高采烈地走來跟我分享。

德國幼稚園的生活每天只有玩，但老師仍然特別安排一星期一天的無玩具日，讓孩子在慣常的玩樂中留一點白，鼓勵他們發揮想像力和創意，在無拘無束的時間內到處觀察和發掘這個世界。

在生活上留一點白，給孩子一點時間思考，他們才能走得更遠。

3.5 / 興趣班
真的為興趣

德國不少孩子會在周末在地區足球會踢足球，
孩子踢足球，家長交流湊仔經，
這就是最理想的「Playgroup」。

十幾年前，教育局推出了一個「求學不是求分數」的廣告，
希望喚醒一眾學生家長和老師，分數不代表一切，學生還
有很多其他技能值得我們欣賞。但他們始料不及這會引來
一班瘋狂的學校和家長，錯誤把「求學不是求分數」理解為
分數不代表一切，學生還有很多其他技能值得我們加入入
學試的評核中。於是，多得這句話唔少，莘莘學子就由每
天補習溫習，變成每天補習溫習加上興趣班和練琴。

報興趣班是因為未玩夠

香港家長左右做人難。有不少家長深信「好的開始是成功
的一半」，於是孩子未適齡入學，便已經要上幾個興趣班學
樂器學外語，務求要孩子贏在起跑線。這種過分催谷的風

氣過盛，開始引起社會的關注，然後有些「一竹篙打一船人」的人就走出來指指點點，彷彿所有讓孩子上興趣班的家長都是洪水猛獸，可憐某些家長，明明是孩子自己有興趣學，也要被批判。

德國幼稚園生每天在幼稚園只是玩，比起未入幼稚園就已學法文的香港孩子輸蝕不少，德國家長會在幼稚園外的時間帶孩子上興趣班嗎？當然會，但他們上的可不是外語班。不少德國家長都認為孩子在幼稚園還未玩夠，總會在幼稚園之外的時間，為孩子報個興趣班。同樣是興趣班，德國和香港孩子的選擇卻很不同。

孩子自發在幼稚園表演巴西武術 Capoeira。

讓孩子探索興趣

有些家長對自己沒信心，覺得自己教不好孩子，寧願花錢花時間，用個多小時來來回回讓孩子上一小時的「興趣班」，付錢讓其他人跟自己的孩子玩，而自己則在門外等。但其實興趣班的用意是讓孩子探索不同的活動，從而發掘自己的興趣再作更深入的訓練，這個探索的階段比起純粹技能和知識的傳授更為重要。誰說家長要有莫奈的畫功才可跟孩子一起作畫？怎麼不能讓孩子知道即使父母也不是完美的，所以畫得好不好並不是最重要，反而凡事肯踏出第一步嘗試才是重點。所以，在報讀十個興趣班讓孩子「每樣試少少」前，家長不妨先親身跟孩子一起試驗探索，不必講究造詣，只求多花一點時間跟孩子相處，既可鞏固親子關係，又可省掉學費，一舉兩得。到孩子認清自己的興趣時，再參加長期的培訓課程也不遲。

孩子大得很快，由會行會走會說話到十幾歲青春期有自己的朋友，只是短短十年的事，親子時間錯過了就錯過了。既然興趣班只是給孩子另一個玩樂的機會，為甚麼要付錢給別人享受寶貴的親子時間？

德國的家長似乎很明白這個道理，所以他們不一定會付錢參加興趣班，反而會讓孩子留在家跟爸媽一起培養興趣。他們會行會走開始，便會學踏 Laufrad（無腳踏的小型兩輪單車），之後踏穩了，便學踏兩輪單車，四歲的孩子便已踏著兩輪單車跟在爸媽單車尾到處走，一家人在周末踏著單車穿越樹林，享受大自然。

孩子在幼稚園互相交流所學

但當然有些活動實在不容易自己做，所以德國家長不會完全謝絕興趣班。他們參加的興趣班，以唱遊班、游泳、足球和體操最常見，這些興趣班大多不外乎是「放電」或是要群體合作的活動。以「放電」為主的活動，讓孩子無處釋放的精力有個地方可宣洩，未必所有家長都有心有力跟著孩子跑跑跳跳，還有體育館的器材和教練的專業知識也是關鍵，他們不會避免孩子跌倒，但會教他們怎麼「安全地」跌，孩子從中學到怎麼保護自己。而群體合作的活動，則給予孩子一個跟其他人合作的機會，有不少孩子都會在周末在地區足球會踢足球，孩子踢足球，家長交流湊仔經，這就是最理想的「Playgroup」。

德國孩子也會上林林總總的興趣班，但興趣班不是為上而上，他們在興趣班後希望把自己學到的知識跟其他朋友分享，而幼稚園就是他們互相交流的地方。我們幼稚園的小男孩Hannes（六歲）自己在家跟爸爸養殖蜜蜂，有一天，他穿上了保護衣在Morning Circle中為其他小朋友介紹養蜂的過程及工具，還帶來自家製的Hannes牌蜜糖給孩子做早餐。Lisa（六歲）那天帶來了頭盔、背心和長靴，站在Morning Circle中間，向三十多個孩子和老師解釋她在騎術班的裝備和小馬的習性，並耐心解答其他孩子和老師提出的問

孩子把家裡自製的蜜糖帶回幼稚園跟大家分享。

題。一個六歲的孩子，能站在三十多人面前「演講」而毫不怯場，只因他們對自己在興趣班學到的感到無比自豪。其他孩子留心聽講並舉手發問，聽著Hannes和Lisa第一身的經歷，又上了一課。

這就是興趣班應該帶來的得著，如果家長只功利地計算學騎馬能為孩子升學加多少分，Lisa的騎術班大概不怎麼受歡迎。但從她的例子可見，學習騎馬只是其次，但透過這「無助升學」的活動，她能在這麼多人面前悠然自得地講解，這可不是一般面試技巧班能比得上的。

興趣班故名思義是為培養興趣而存在，只要家長不扭曲興趣班的原意，給孩子多一個玩玩的機會也不錯。

3.6 玩學引發
求知慾

當孩子在玩樂中學習時，
我們要擔當一個指導的角色，
但要把主導權放在孩子身上。

從玩樂中學習是最能提起孩子學習動機和興趣的方法，孩子從玩樂中發掘、觀察和思考，養成敏銳的觸覺。當孩子習慣自己思考和尋求答案，有助提升他們的求知慾、養成堅毅不懈的精神、也會學會用不同的方法解決問題，這些心理條件都是對他們日後學習有很大的幫助。

成人擔當指導角色

當然，我們放手讓孩子自己發掘，他們也可以觀察到很多，但這不代表我們從此可以打著「給予孩子自由」的旗號而每每袖手旁觀。「玩學」不是隨便買一堆益智玩具或開著學習DVD就能讓孩子學習，如果孩子沒有要學習的意識，很多時都只會玩完就算，不會從中得著甚麼，作為一個指

老師帶領孩子自製太陽能焗爐。

導者，成年人可以在孩子追求知識的道路上，助他們更上一層樓。當孩子在玩樂中學習時，我們要擔當一個指導的角色，但要把主導權放在孩子身上，按他們的能力和興趣切入，引導他們想想「為甚麼」，幫助他們自己觀察到問題所在，從而啟動他們的求知慾，之後透個不斷的推測試驗而最終達到自己解難。

以一個科學實驗的過程為例，要引導孩子從中學習，首先要跟孩子坐在一起，先引起孩子的注意力，還能提升他們的專注力，再者，我們近距離跟孩子一起時可以即時把孩子的學習過程描述出來，讓他們意識到自己在學習。在開始時，我們可以用「示範」或「描述」的方法，

讓孩子自己準備做實驗。由成人親身示範，孩子會直接把所見所聞記住，然後便能自己跟著做，這種方法適合年紀較小的孩子。隨著孩子年長，他們的理解能力和專注力也會愈來愈高，成人可以把實驗的重點準備過程有條理地描述出來，孩子要專心聽，同時要記著重點，再將重點重組轉成實際行動。

因應孩子能力互動

在進行實驗期間，我們要因應孩子的能力而評估我們讓他們怎麼互動，不同的孩子獲分配不同的任務，這樣不但可以確保所有孩子都可以參與其中，當任務在他們的能力範圍時，他們才會有興趣繼續學習。遇上難度較高的任務時，我們要從旁鼓勵支持，讓他們有信心接

孩子透過實驗認識電流。

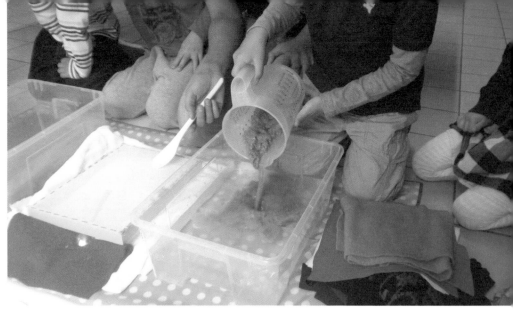

孩子把紙張循環再用,造成再造紙。

受挑戰。有時候,孩子不斷嘗試後,還是未能找到答案,我們不必堅持要孩子自己解決,反而可以給他們一些提議。但我們要明白孩子有學習的主導權,孩子該有權決定是不接納我們的建議。我們的提議只是一個踏腳石,讓孩子可以自己試驗我們的方法,又或是從我們的建議中得到啟發,然後從另一個角度尋求解決方法。當然,我們不是所有事都可以放手讓孩子自己做,遇上風險較高的活動如倒熱水等,我們也要暫時停止孩子自我學習探索的原則,由成人擔當主導的角色。

傳授尋求答案的方法

自主學習也要適可而止,面對較複雜的概念,我們應該以簡單易明的方法向孩子解釋基本概念,不必要求孩子有非常深入的理解,也不應執著要孩子自己找到答案。強迫他們找出實驗背後的原理和結論,只會構成壓力,適得其反,令孩子覺得沮喪,失去了玩學的原意。

在輔助孩子自己完成實驗時，我們要適當地重複重要的資訊或是問問題，鞏固孩子在實驗得來的想法和概念，也給予他們跟其他人討論和交流的基礎。當孩子嘗試自己做實驗時，我們也該即時從旁給予反饋，可以是口頭上的，也可以只是手勢，讓孩子知道自己學習過程得到認可或是需要改善，他們也能因應我們的回應即時修正他們的學習策略。

我們不是要在孩子面前當百科全書，而是要讓孩子體驗其實他們自己可以做到很多。所以當孩子問問題時，我們不必急著回答，反而可以引導他們循正確的方向思考，這樣不但可以訓練孩子獨立思考解難，同時可以提升他們的自信心。有時候，聰明的孩子問的問題，我們也未必有答案，但我們可以利用這個機會，向孩子說明學無止境，也能親身示範遇上難題時我們怎麼解決。我們傳授給孩子的，不僅是知識，而是一個尋求答案的方法和精神。世上有太多問題沒有答案，我們要讓孩子學會怎麼面對「找不到答案」的失落，也要鼓勵他們盡力追求知識。

玩學最終的目的是為了觸發孩子的求知慾，雖說這是最有效的學習方法，但凡事過猶不及，我們要明白孩子本身時刻都在學習，我們幫助他們意識到自己在不斷吸收知識同時，也要給他們自由玩樂的時間，讓他們間中也可以清空腦袋，純粹放鬆地玩，這樣才不至於連他們玩樂的時間也褫奪。

第四章：
重視情緒智商

孩子哭鬧都有他們的原因，
他們不會純粹為了要你難堪而哭，
比起強硬的手法，
從源頭解決孩子哭鬧的問題更重要。

4.1 沉默不是金

別只叫孩子閉嘴，
「沉默」不是他們的本性。

幾年前，我坐飛機被安排坐到第一排，旁邊是一個手抱嬰兒，我自問不討厭孩子，但一想到十幾小時的航程在哭聲中度過，BB未哭，我先哭。另一個例子，幾年前，我們幼稚園選址在這裡時，引來附近民眾的不滿，據同事說，幼稚園開幕前一天，有反對者把一隻死兔子放在幼稚園大門外，以示不滿。孩子不開心時哭，開心玩時也吵，不受歡迎也是可理解。

閉嘴不是孩子本性

為了迎合其他人，我們教孩子別要吵到別人、不要惹人生氣、不要為別人添麻煩……孩子本身就對世界充滿好奇，一個四歲的孩子，每天大概會問四百個問題。但當每次發

問都被人叫「住口」，每次伸手發掘新事物時都被喝「停手」，知道自己問問題會煩到父母，久而久之，孩子便會放棄，學懂閉嘴。

在公眾場所喧鬧是不禮貌的表現，但如果他們全都很安靜，他們還是我們的孩子嗎？我們每每要孩子安靜，要他們閉嘴，但其實，孩子透過說話表達自己的情緒和意見，他們多說話，是有自信心的表現，他們透過說話表達自己的情緒和意見。他們不閉嘴，代表他們觀察力強，留意到身邊很多的事物；他們一直問問題，代表他們會思考也有一顆好奇的心。孩子始終是孩子，我們不能要求他們無時無刻都沉默，大笑大叫有時都是孩子宣洩情緒的一種方法。

別只叫孩子閉嘴，「沉默」不是他們的本性。

從源頭解決孩子哭鬧

由孩子出生第三個月起，他們已經可以感受到很多不同的情緒，例如喜樂、憤怒、傷心、害怕等。到了他們兩至三歲，他們會從那些基本的情緒上，發展第二層的情緒，包括驕傲、羞愧、內疚、疾妒、尷尬和同理心等。第一層的情緒都是與生俱來的，但第二層的情緒，卻要靠後天的培養。

孩子哭鬧都有他們的原因，他們不會純粹為了要你難堪而哭，比起強硬的手法，從源頭解決孩子哭鬧的問題更重要。他們哭鬧的時候，我們要他們不哭，只是在壓抑孩子的情緒，這也許能讓他們暫時閉嘴，但卻解決不了根本的問題。當他們哭，我們可以告訴他們，「我見到你在哭，我想你現在應該很傷心，我很想幫你一起解決問題，但你一直在哭我聽不清楚你的需求。你想再哭一會再跟我說，還是你現在已經哭夠，準備好告訴我發生甚麼事呢？」，這樣說，可讓孩子認識自己的情緒，同時知道自己得到支持，更能把重點放在解決問題上。

他們傷心時哭，興奮時又大叫，成年人的耳朵往往受罪。可惜，「沉默是金」這句話在孩子身上不適用，他們沉默時，大概是有些甚麼不尋常。孩子天性喜歡跑跑跳跳，要他們整天安安靜靜地坐下來，可不簡單。他們橫衝直撞，大叫大嚷，老師想靜靜地跟其他孩子講個故事也不行。孩子們一玩得忘形，便放嗓大叫，幾個孩子一起大叫大笑，已足以叫你心煩氣躁。

找方法讓孩子自娛

光是叫孩子安靜，效用不大，他們靜兩秒後，繼續玩時又會再吵。不准他們開懷玩樂，難為孩子；由得他們大叫，苦了耳朵。面對這種情況，最簡單的做法，便是跟孩子一起到戶外去。室外地方空曠，可以大大減低孩子聲浪對我們的影響，這樣他們既可繼續釋放他們無盡的精力，而我們也可輕輕鬆鬆地靜一下。

如果情況不許可，我們必須留在室內，也可引導孩子做一些靜態活動。拿起孩子最愛的故事書，給他們一個安靜的選擇。又或是叫孩子坐下來，一起玩一個桌上遊戲。如果當時沒有時間跟孩子玩，不妨找來畫紙，讓孩子靜靜地自娛。我最愛用一卷卷的超大畫紙，三米長的一張鋪在地上，足夠十多個孩子同時伏在地上畫。

有時候，我一個人在廚房忙，孩子漫無目的地跑來跑去，我便把孩子叫來到廚房幫忙。他們只要站在廚房門口，我把水杯逐個逐個遞出去，他們把杯逐個逐個拿到飯堂。這樣來來回回，孩子有了任務可消磨時間，不用到處跑，而老師也多了一個小幫手，兩全其美。給孩子一個清晰的方向，能讓孩子自己娛樂自己，也給我們自己多一點空間。

三米長的畫紙鋪在地上，足夠十多個孩子同時伏在地上畫。

外出用膳要準備充足

孩子在家喧鬧也算了，畢竟生孩子是自己的決定，我們享天倫之樂同時，也得接受孩子有時會吵吵鬧鬧。可是每次難得一家大少到餐廳吃餐飯，孩子等得不耐煩，時而東奔西跑，時而大呼小叫，騷擾到別人，家長也覺得不好意思。

在餐廳吃飯是成年人的活動，我們在餐桌上談八卦、時事、人生目標、投資股票，可以在餐廳裡消磨個多小時而不自覺。但在孩子的角度而言，他們實質只要花十多分鐘便吃飽，卻要用個多小時等入座、等點菜、等上菜、等其他人吃飽、等埋單、等回家。他們悶了，自己找找樂趣到處跑也可理解，可是他們這麼一鬧，其他食客便耳朵受罪。有些家長惱羞成怒，明明是自己孩子打擾到別人，卻埋怨別人不體諒。請問你是哪位？你們一家大細有付錢光顧，難度被你吵到的那位無辜食客在吃免費餐？「細路仔係咁㗎啦！」，你知道就好，那我們跟孩子到餐廳時，更該做足準備，帶足桌上遊戲、圖書、玩具等，讓孩子吃飽後有所消遣，不必呆等。

有時我也替家長難過，明明一心歡喜去吃個飯，卻變成過街老鼠，難道有孩子就真的不能有人生嗎？事實上，很多人都明白有時候孩子鬧起情緒來，我們不容易立即撫平他們的情緒，可是孩子在吵，惹人討厭的不是孩子，而是袖手旁觀的家長。他們哭，我們可以把他帶出餐廳外透透氣，這樣走一轉有助平復孩子情緒，也能避免騷擾別人。

出門前先和孩子約法三章

孩子學踏單車時，如果我們每次放手，他便立即失了平衡，這代表他們還未學會踏單車，還要多加練習。跟孩子到餐廳吃飯、乘搭公共交通工具，甚至逛商場也是孩子發展的一個里程碑，如果每次跟孩子到公眾場所，他們都大聲哭鬧，失去控制，那可能代表他們心理上還未準備好到一個人多陌生的地方。我們應該多給他們一點時間學會調節自己的情緒，當他們在家可以控制自己的情緒時，才叫他們離開自己熟悉的家，去面對陌生的環境。當孩子在公共場所也能好好控制自己的情緒，表現大方得體，哪用參加幼稚園入學面試班？

有很多父母都怕孩子騷擾到別人，而「醒目」的孩子也看中了這一點，專門挑人多的地方發難，可惜商場只有育嬰室，沒有喊包室，父母為怕麻煩，唯有妥協。父母每妥協一次，孩子的氣焰就長一點，一個野蠻的孩子就這樣練成。出門前先跟孩子約法三章，他不遵守約定，下次最多不出門，讓孩子明確知道我們不會輕易就範。

在讓孩子抒發情緒同時，又要顧全其他人的感受，做起上來可不容易。為了培育一個有良好品德的孩子，我們要犧牲很多，但由得孩子變得自私自利討人厭的代價更大。

德國老師不呼喝孩子

要在教育孩子及保持良好親子關係之間取得平衡，當中的技巧需要好好拿捏。我在德國幼稚園工作近兩年，幾乎沒有聽見過老師會大聲呼喝孩子。你也許會問，做錯事不懲罰、凡事由孩子自己決定，不會縱壞孩子嗎？

回想我們小時候，做錯事被父母籐條炆豬肉、被老師拉耳仔也是常事，直至近年社會開始關注體罰和虐兒問題，籐條才絕跡。早在數十年前歐美地區，家長已經不會以體罰管教孩子，近年香港家長也開始採取不打不罵的管教方式，但社會上卻有聲音指年輕父母盲信歐美一套不打不罵育兒法，是變相縱壞孩子。

德國幼稚園老師堅持不打不罵，不是因為法例禁止體罰或是怕家長投訴，才陷入不能打不能罵的困局，而是因為打打罵罵不是管教孩子的最佳方法。

給孩子哭的時間

以高壓手段也許可使孩子即時停止吵鬧，因為他們怕受罰，不是因為他們知道錯，當下次沒有人喝止他們時，他們便會犯同樣的錯，而且會學精怎麼掩飾自己的過錯，甚至說謊和推卸責任。懲教處之所以叫「懲教」處而不是「懲罰」處，因為單是懲罰沒意思，做錯事的人，要得到懲戒和教育，才能改過。

再者，孩子得不到自己想要的東西時會吵鬧撒野，作為父母我們都知道這是要不得的行為，可是，換個角度看，當孩子拒絕合作時，我們成年人得不到我們想孩子做到的，便開口大罵，這可不是跟孩子吵鬧撒野同出一轍嗎？在孩子眼中，我們何嘗不是那個不聽話的野蠻孩子？

當雙方爭持不下時，我們不應使出「我是父母」的皇牌，要求孩子妥協收聲，而是要冷靜下來，用成年人的方式處理問題。我們遇到麻煩的同事，也不會在辦公室追著他們展開罵戰，為甚麼對象換著是孩子，我們便覺得潑婦罵街也是迫不得已呢？如果我們每每要孩子屈服於父母的咆哮之下，不就是正正向他們證明了「大聲就是道理」？建立良好的親子關係，用溫和的態度對待孩子，他們才會真心聽取我們的教誨，這才是根本的教育。

孩子不高興時哭，我們要孩子立即收聲不哭，他們反而哭得更厲害，這不是因為他們故意鬥氣，而是因為他們被嚇怕。孩子有不同的情緒，是最正常不過的事，適當地抒發情緒可以讓他們學會控制自己的情緒。別把孩子的負面情緒標籤成「唔聽話」，強行壓抑負面情緒，有可能會引起焦慮和暴躁等極端情緒。當孩子鬧情緒時，我們應該趁機讓他們了解不同的情緒，使他們能夠表達和抒發自己的情緒。當孩子因心愛的玩具不見了而大哭，我們先不要說「話咗你㗎啦」和「抵死」，而是應描述他們的情緒，再提出解決辦法，告訴他們「你心愛的玩具不見了，看你哭成這樣，你一定是很傷心了。當你哭完了，冷靜下來，準備好後，請告訴我玩具怎麼不見了，然後我們可以一起試試把它找回來。」

深呼吸調節情緒

換個溫和的方式教育孩子，不等於要對孩子的越線行為不聞不問。面對孩子，我們可以不打不罵，但不能沒有底線。當他們做錯事，我們還是要嚴肅地讓他們知道錯。父母和老師的威嚴不靠呼呼喝喝建立，能在惱人的情況下仍保持不慍不火，才會受到由心的尊重。父母的情緒牽動孩子的情緒，當父母保持心平氣和時，孩子才能冷靜下來。面對孩子一而再，再而三的尖叫吵鬧，我們動氣也是人之常情，但破口大罵之前，問問自己這樣一罵對事情有沒有幫助。我們可以直接告訴孩子：「我現在很氣憤，我需要冷靜一下，待我冷靜下來後，我們可以再談。」然後深呼吸幾下，調整好心情再處理孩子搞出來的爛攤子。

不打不罵，不是放生孩子，而是放過父母自己。給自己一個繼續優雅的機會，由建立良好親子關係開始，從根本教育孩子。

Say no
而不傷感情

跟孩子說「不」前，
不妨換個方法說，
讓他們比較容易受落。

縱然我們很想放手讓孩子自由自主，有些「不」還是要說的，只是，如果有技巧地說，這句「不」可以不那麼決絕。

有些孩子防衛意識很強，當面的指責會帶來更大的反彈，他們對「No」這個字很敏感，當要求被拒或是提議被成年人二話不說便否決，有可能會打擊他們的自信心，久而久之，他們會變得沉默。也有些小孩，每當他們聽到「No」便會立刻架起一副捍衛的姿態，深深不忿地覺得自己受到不公平對待，「No」之後的道理和原因，他們都聽不到了。

換個方法省略說「不」

有時候，孩子在意的不是那句「No」，而是不受重視的感覺，所以，跟孩子說「不」前，不妨換個方法說，讓他們比較容易受落。

孩子在九時二十五分走來問老師會不會跟他們玩遊戲，我們不用一開始就說「不」，但可以直接告訴他們「五分鐘後，Morning Circle 便要開始，現在不是開始遊戲的好時機，你想負責搖鐘通知其他小朋友是時間要收拾嗎？」這樣，我們省略了一個「不」但孩子也能接收到「現在不能開始遊戲」這訊息。

孩子提出建議和要求，但卻被否決，感到失望也是人之常情，我們要對他們失望的心情表示理解，讓他們知道我們跟他們站在同一陣線。「我明白現在不能開始遊戲會令人感到失望，我也很想跟你玩遊戲，但 Morning Circle 現在便要開始，不如我們先收拾，待 Morning Circle 完了後，再一起玩吧。」這樣說，讓孩子知道我們明白他們的心情，同時在情況許可下，以「Yes」代替了一個決絕的「No」。

不妨滿足一下孩子

孩子畢竟只是孩子，可以的話，不妨滿足一下他們。那天我跟孩子坐在閱讀角講故事，我的左右兩邊各坐著一個孩子，第三個孩子 Inga（三歲）走來，也想坐在我身旁，但我身旁兩個孩子不肯讓出黃金位置，Inga 馬上眼泛淚光，我問自己有甚麼兩全其美的方法，然後跟她說：「我兩旁都沒位了，你要坐在我的大腿上嗎？」就這樣，她破涕為笑，我們避過了一場吵吵鬧鬧。講完一個故事後，我跟她說：「我累了，你要起來找另一個位置坐下了。」這次，她立即站起來，沒有之前的擾嚷，在我身旁的孩子旁坐下來。我們退一步，不代表他們會得寸進尺，反而會讓孩子冷靜下來，之後再要孩子合作，便省回很多角力的時間。

教育孩子不能靠「嗌」，他們專注玩起來，就陶醉在自己的世界裡，我們從老遠大叫，他們自然聽不到。這時，家長老師都彷彿被害妄想症發作，覺得孩子故意無視自己，於是氣上心頭，到孩子終於聽到了，成人已發火。無辜的孩子，還不知道自己做錯了甚麼，只知成人「一開始」已發火，心裡自然覺得不公平，還怎會安份地合作？

所以要孩子聆聽的第一步，是走到孩子跟前，先等孩子和自己有眼神接觸，才開口說話，否則你只會跟在孩子後面，潑婦罵街，而孩子卻聽不到你獅吼的呼喚。除了眼神接觸外，我們也可先把孩子手上的玩具拿開，輕輕把手放在孩子肩膊，讓他們知道我們正跟他們說話，確保孩子真的聽得到，否則只會浪費唇舌。可是對於年紀太小的孩子，太多的偉論沒意思，這時，我們要「少說話，多做事」，我們不想他們玩玻璃杯，便應把杯拿走，再給他們一件玩具，這些實際的行動對幼童比較奏效。

4.3 / Time Out 的意義

懲罰孩子傷感情，
放手讓他們自己承擔後果，
有異曲同工之妙，但父母卻不必做醜人。

我每次都誇獎自己幼稚園如何讓孩子快樂學習，老師愉快
工作，德國幼稚園裡每個孩子都真的聽教聽話、循規蹈矩
嗎？你想都別想。尤其是我們這種開放概念的幼稚園，孩
子可以到處走，自然比其他要坐定定的孩子更吵。

孩子可以在幼稚園自由活動，但走廊不是遊樂場，孩子只
能慢步走，不能跑。當然，每天也有孩子在走廊跑。孩子
知法犯法，老師可以怎麼做？我們會把孩子叫停，要他回
到起點，慢慢再走。通常三分鐘後，又會見到孩子在走廊
扮成動物到處爬，這時候，老師又要出動。

心平氣和提出解決方法

我們要先易地而處，想像你只是一個三歲的孩子，在這麼
大的幼稚園裡，沒有人告訴你該去哪裡、該做甚麼，當其

他孩子扮馬嘶叫，在走廊奔馳時，那有不跟著跑的道理？這時候，孩子需要的不是訓話，也不是甚麼溫馨提示，而是明確的指示。老師會跟孩子說：「走廊不是遊樂場，我們在走廊要慢慢走。告訴我，你現在想到哪間活動室玩？」孩子也許會答：「我想在走廊跑。」我們不必爭拗，只要引導他們作出選擇：「閱讀角還是積木房？」在二選一時，孩子通常會較容易決定。

五分鐘後，孩子看圖書看厭了，又在走廊出沒了。一而再，再而三，孩子屢勸不改，老師會怎麼處置他？老師的殺手鐧：「來，我們一起玩。」然後牽著孩子走到玩具櫃，讓孩子選一個遊戲跟老師一起玩。

等等！孩子不守規矩，第一次放過他，第二次放過他，第三次又再犯，都不用受罰嗎？好，我們先冷靜下來，想想我們最初想達到的目

的是甚麼：我們要孩子停止在走廊跑。看看現在，孩子是在走廊跑，還是靜靜地跟老師坐在一旁玩？

我們懲罰孩子，是為甚麼？是為了嚇怕他、為洩我們心頭一口氣，還是為解決問題？既然孩子都安靜坐好，問題已經解決，我們有必要執著孩子有沒有得到「應得的懲罰」嗎？我們不事事執著，不代表要縱壞孩子。我們只是選擇心平氣和地給孩子一個解決問題的方法，孩子不知道該做甚麼，所以才到處跑，我們便讓他知道，下次覺得悶時，可找老師一起玩個桌上遊戲。

懲罰孩子傷感情

懲罰讓孩子生恨意，他們受罰時心裡想的是爸媽老師有多討厭，而不是反省自己做錯了甚麼。懲罰孩子傷感情，放手讓他們自己承擔後果，有異曲同工之妙，但父母卻不必做醜人。

有一天，孩子兩個兩個拖好手排好隊準備出發到樹林去，Riko 大力打了 Jan Erik 一下，我立即把他拉到一旁，要他坐下來，待他冷靜後，他想回去再拖著 Jan Erik，但 Jan Erik 拒絕，Riko 立即大哭，嚷著要跟 Jan Erik 一起。我不用刻意懲罰 Riko，但被打的 Jan Erik 不想再跟他一起排隊，他便要接受，這就是他打人的後果。

再者，懲罰有時反而會令問題惡化，經濟學家 Uri Gneezy 和 Aldo Rustichini 在以色列作了一個為期二十星期的研究，他們找來十間託兒中心，在首四星期，他們先記錄遲來接走孩子的家長數目，由第五

星期開始在其中六間託兒中心設立罰款制，家長遲到超過十分鐘，便要付相等於四十港元的罰款。結果，罰款制度開始後，家長遲到的次數不跌反升。在第十七個星期起，他們取消了罰款，但家長遲到的情況卻和有罰款時一樣沒有改善。

有罰款下家長遲到問題竟然惡化，是大家意料不到的研究結果，要解釋這個奇怪現象，不能靠計算，因為這是「人性」的問題。沒有罰款時，家長遲到會覺得不好意思，因為他們連累老師遲收工，但有了罰款後，他們遲到罰了款，受了「應得的懲罰」，卻遲得心安理得，結果遲到問題因為罰款而變得更嚴重。

孩子習慣受罰，久而久之就會覺得懲罰等於「當無數」，他們做錯事，會拋下一句，「我都俾人罰咗啦，你仲想我點？」懲罰只是表面工夫，不要把懲罰當成「做咗嘢」，幫助孩子解決問題，讓他們從錯誤中學習，才是長遠之道。

讓孩子從錯誤中學習

懲罰是針對錯事，針對是誰做錯，也就是把重點放在已經發生了的事上。在幼稚園，孩子倒瀉水是常事，其實不用我們手指指，孩子也會知自己闖了禍。這時候我們無謂再向孩子施加壓力，而是該把重點放在補救方法上。面對地上的一灘水，叫孩子找來毛巾幫手抹乾淨，他們下次再倒瀉水時，便知道可以怎麼處理。如果他們一犯錯就受罰，心裡忙著不忿氣，卻沒有機會修正過失，之後遇上問題，只會懂得呆站著等人替他收拾爛攤子。

不懲罰的話，孩子不合作時，老師可以做些甚麼？我們不記缺點，沒有操行分可扣，如果孩子動手打人，屢勸不改，我們會要他們坐在一旁冷靜一下（Time Out）。要孩子冷靜，不是懲罰，只是為了讓打人的立刻停止傷害其他孩子，這樣可直接停止爭拗。

待孩子冷靜後好好談

要孩子冷靜下來，我們不必全程盯著他，反而該走開讓他自己獨處，但必先跟他說明，我們只是想等他冷靜後好好地談，這樣他才不會覺得被遺棄。冷靜時間不一，都因人而異，一般冷靜時間最好不超過孩子的歲數，四歲的孩子冷靜四分鐘便夠了，老師四分鐘後，回到孩子身旁，問他準備好再去玩沒有，是否記得幼稚園的規矩。但要孩子冷靜時，最好較一下鐘，確保自己四分鐘後，不會因為其他事而忘記還在冷靜中的孩子。冷靜時間太久，孩子太冷靜，都忘了最初做錯了甚麼，到時講甚麼道理都只是耳邊風。

此外，Time Out也該有一個特定的位置，最好是遠離煩囂、不被騷擾的位置，如果孩子在冷靜時不斷和其他人談天風生，跟沒有冷靜過沒分別。

孩子吃飯時騷擾別人，老師會請他獨個坐在一旁，不是為了罰他，而是讓他和其他孩子可以安靜吃飯。如果孩子還不知悔改、嬉皮笑臉，老師會邀請他第二天跟年紀最少的孩子一起吃飯，跟小朋友學學吃飯的禮儀。孩子在Morning Circle時坐不定，不斷插嘴，老師會請他坐開，讓他離遠看看其他孩子唱歌跳舞，見原本坐得遠遠的孩子愈坐愈

近，老師便會問他準備好跟我們一起玩沒有，孩子點點頭，安靜地回到晨圈，連訓話也可省略。一群孩子在積木房亂擲玩具，我們會出「禁制令」，所有涉案孩子禁止進入積木房一天，以確保其他孩子可安心玩耍。

Time Out 讓孩子平靜下來

有一次，我們到德國小外甥家吃飯，Bastian（四歲）想喝冰水，給了他半杯後，他說要更多，但冰水只有一瓶，還要留些給其他人。他聽到後，立即大哭，任我們怎麼解釋，他都聽不進耳。如果我們這時被他的哭鬧觸動自己的神經，心情一煩躁起來，可能會直接把他杯裡的冰水都倒掉，讓他知道哭不能呼風喚雨，也以行動告訴他，家裡一切都屬於是我們的，這裡不由他話事。可是，這樣做，只會叫他哭得更厲害，而且，這可不是告訴他，有錢和夠大聲便是王道？這時，他媽媽冷靜地說，「沒有冰水了，但你哭夠後，我們便可以再放一瓶入冰箱。」他走到冷靜椅上坐下來繼續大哭，但見他開始靜下來了，便可以問他準備好把水放入冰箱沒有。他哭，便由他哭，我們也得保持平靜的心情，別輕易被孩子牽動我們的情緒，如果我們的心情由孩子掌控，他才是真正的「話事人」。

Time Out的意義在於讓孩子冷靜，而不是懲罰。孩子鬧情緒時聽不到道理，待他們冷靜後，再了解問題所在，從根本引導孩子解決問題，而不是只靠懲罰來抑壓孩子的情緒。

我們不想罰孩子，不想孩子怕我們，也不想在孩子面前玩權力遊戲，只想教好孩子如何跟別人相處、如何解決問題。

4.4 / 這裡不是法庭

遇上無傷大雅的灰色地帶，
我們有權選擇法外開恩，
還是墨守成規。

記得在中學教書時，有一次在課堂上，一個學生大聲講粗
口，我指責他，他卻死口不認，叫我拿出證據來。一開始
我覺得不忿氣，也不甘心自己苦無證據，但在一轉念間，
便覺得自己的執著很無謂。我告訴他，我沒有證據，你身
邊的同學也不會這麼「無義氣」指證你，但這裡不是法庭，
我也不打算要將你入罪，你可以繼續否認，我也沒能力迫
你說真話，只是在這個小小的課室裡，真相你知我知，你
不必開口認，但假話不會變成真相。我說畢，他也沒有再
否認了。

我們成年人習慣在社會上依規矩做事，我們事事講求證據
和規矩，在不知不覺間被死板規矩綑綁著也不會反思規矩
存在的意義。

孩子做錯事但卻死口不認耍無賴，實在罪加一等。明明道
理在我們這邊，但要口硬的孩子認錯，我們卻無計可施，

於是我們又打又罵迫他們認錯，為的是「教好」他們。沒錯，做錯事認錯是天經地義，可是你可有見過法官發難迫疑犯認罪？疑犯有權不認罪，但陪審團裁定被告有罪時，法官還是會照樣判決，被告同樣要接受法律的制裁。要教導孩子做錯事後承擔責任，不一定要迫他們從口中吐出一句「我認罪」，如果證據確鑿但孩子堅持不認，我們可以不必執著要他認錯，但要他們承擔做錯事的後果，以實際行動說明，矢口不認也無補於事。

不必執著找出真相

在我們這家行開放概念的幼稚園，孩子自由出入不同的活動室，未必每個活動室都有老師在場監視。幾個孩子在房內搗亂，被老師發現房

內玩具四散，如果硬是要找人承認責任，孩子可能會為了保護自己而推搪責任，其他孩子也可能會習慣把矛頭指向其他人。老師沒有必要找出罪魁禍首，因為我們最終也無從證明誰是誰非。我們只要把重點放在「這裡太亂了，我們要一起收拾」，孩子們自己知自己事，便會動手收拾爛攤子。這樣處理，孩子不必在口頭上承認責任，老師不用懲罰他們，但他們卻親身為自己的行為負責。

法庭上每宗案件最終也要有個定案，但在幼稚園或是家裡，我們不必執著事情的真相。試想像一個百厭星和一個乖寶寶兩個同時哭著說對方動手打人，憑直覺和過往經驗，我們可能會斷定是百厭星的錯，但當我們無從判斷時，千萬不要草草定罪。我們不能因為孩子以往的行為就斷定是他們的錯，當他們被定格為「壞孩子」時，他們漸漸會覺得沒有必要修正自己的行為，因為「次次都係我錯」。

老師的信任無比重要

有一次，Kristian跟Laura同時哭訴對方打人，我先把他們分開，叫他們各跟我清楚敘述一下事發經過，我還未開口，Kristian便已擺起一副防衛的姿態，大叫「不是我！」我坐在他身旁，告訴他「冷靜點，我知道不是每一次都是Kristian的錯。」我才說完，他便抬起頭看著我，眼睛像發了光一樣，彷彿是我說了甚麼令人震驚的話。那一刻，我知道老師的信任，對他有多重要。

每個人都有不同的準則，如果全憑法官自己感覺判決，會受個人喜好或偏見等因素影響而有礙公平公正，造成社會大亂。用同一條法例套

在不同人身上未必是最理想的方法，但卻是最簡單直接，為了方便管理，減少爭拗，同時避免某部分人的權利凌駕於法律之上，我們在社會裡都受法律約束，天子犯法與庶民同罪。很多事不是只有黑和白、是與非，可是社會上白紙黑字清楚列明法例，一個為孫子偷教科書的老人家，和一個在名店偷手袋的OL，同樣犯了偷竊罪，法官不能因為被告可歌可泣的犯罪動機而判他無罪，一旦定了罪都會留案底。

可考慮法外開恩

我們在家裡或是在小小的幼稚園中，規矩是必要的，但這裡不是法庭，我們不要簡單直接、方便管理，而是要以最適合孩子的方式教導他們，遇上無傷大雅的灰色地帶，我們有權選擇法外開恩，還是墨守成規。

小學託管部的孩子有屬於自己的家課室和遊樂室，一般幼稚園生都不得內進。Jonas十月出世，由於九月開學時他未滿六歲，父母有權決定他在今年或是明年入學。他去年一直跟其他小學生同組，一起上幼稚園的學前預備班。但他父母最後決定他會在幼稚園多留一年才上小學，於是，他最要好的朋友都升上小學了，他們都在小學生遊樂室裡玩，而Jonas則被分到其他組別，重新開始新學年。一開學時，Jonas每天都站在小學生遊樂室門外，看他要好的朋友開展他們的新里程。按規矩，我們要把Jonas拒諸門外，但在情在理，老師都知道為他破例，讓他在頭一兩個星期跟他的好友一起，對他之後慢慢習慣新的幼稚園生活有幫助，於是，我們邀請Jonas進入小學生遊樂室。

因材施教　不盲信「公平」

小學生遊樂室本身已很擠擁，我們破例讓Jonas進內，其他孩子見到，也問他們可否進內，老師拒絕，我們本身也擔心其他孩子會覺得不公平，但當老師跟他們解釋後，他們出奇地欣然接受。原來我們都低估了孩子的理解能力，他們會明白老師有時會因應情況而破例。

很多時我們都明白每個孩子都有不同的需要，我們不能以同一套方法和準則對所有孩子，可是，我們都怕其他孩子覺得「不公平」而拒絕因材施教。假設兩個孩子同時犯同樣的錯誤，「公平」的處理方法是以同樣的語氣跟他們訓話，也要他們承擔同樣的責任，但因為孩子有不同的需要，這種「公平」的處理方法不是對孩子最有效的方法。一套規矩對某些孩子有效，對其他反而會帶來反效果，有些孩子本身比較多主見，也比較活躍，比較嚴厲的方式可以挫他們的銳氣，讓他們學懂收斂自制；有些孩子本身缺乏自信心，如果我們疾言厲色跟他們說話，會進一步打擊他們的自信心。

有時候，我們都盲目執著「公平」，為了表現得一視同仁，我們犧牲了孩子的獨特性和因材施教的機會，結果只換來名義上的公平處理，實際上孩子卻得不到最適合他們的處理方法。

家庭不是法庭，規矩是死的，孩子卻有活生生的心靈，我們可以為孩子破例，甚至更改規矩。但作為成年人，我們必須時刻提醒自己，每天也要把孩子過往的行為紀錄抹掉，別標籤孩子，也別讓自己主觀的想法凌駕於規矩之上，因材施教和偏心也只是一線之差。

讓孩子
自願分享

分享是美德，可是我們也要小心，
別以此為名，剝奪孩子的權利和自由。

由出生以來，孩子的認知發展不斷進步，他們對「擁有」也
會有不同的看法。剛出生時，嬰兒已有本能上的喜好，當
他們遇到喜歡的人和物，會有比較大的反應，例如柔軟和
順滑的物件可給予嬰兒溫暖和安全感，所以都是嬰兒喜歡
的。到了兩個月大開始，他們的反應不再限於飲飽食醉的
滿足，而是開始感受到社交和情緒層面上的喜惡，例如他
們會喜歡伸腳踢床頭旋轉音樂吊鈴，然後靜靜看著它慢慢
旋轉，從而得到它所帶來的喜悅，這個時候，他們著意的

是怎麼以自己的行動帶
來這個喜悅的經驗，而
不是對物件的擁有權。
到了他們九個月大，他
們會以物件來引起別人
的注意，同時，他們會
對某些人和物有更深的
感情。

德國人重視孩子個人意願

十八個月時，他們有了「自我」的意識，能從鏡子裡認得自己，在二十一個月大時，他們的語言發展神速，更會時常把「我」和「我的」放在口邊。到了兩歲時，他們更會開始在他們不想失去的東西上「霸地盤」，這也解釋了為甚麼孩子踏入兩歲便很「難搞」。由於自我的意識很強，當有人要求孩子「分享」時，他們便會覺得自己的財產受到威脅，因而抗拒。那時候，他們覺得跟別人分享了的東西，就是失去了。到了孩子三歲，他們會開始明白分享的道理，但因為他們每每會希望為自己謀取最大的利益，有時還是不太願意分享。

到了五歲左右，他們道德觀念上的發展，讓他們明白到分享在道德層面上的價值。他們開始不再只著眼自己能否得到最大利益，而是會視乎別人的需要來分享。他們會傾向幫助有需要的人，來營造「公平」的環境。在這個階段，對孩子而言，「公平公義」會凌駕於他們的自身利益，即使沒有實質的回報，他們也會比較樂意跟別人分享。

德國人很重視孩子的個人意願，他們有權利和自由選擇跟哪個孩子玩，他們不願意的時候，老師也不會強迫。在幼稚園裡，所有孩子都共享玩具和遊戲室，孩子之間怎麼玩，老師一般很少干涉。

違反孩子意願是「搶奪」

有時候，孩子不願意讓其他人介入遊戲，是因為他們有自己的計畫。舉個例，每個一起玩的孩子都有自己的角色，有人是爸爸，有人是媽

媽，還有哥哥和嬰兒妹妹，如果突然走來一個孩子，就把他們心目中完美的家庭遊戲打亂了，他們有充分的理由不肯讓遲來的孩子參與。如果遲來的孩子被拒諸門外，來找老師求救時，老師會著他禮貌地問准其他孩子他可否一起玩，如果孩子拒絕，老師了解箇中原因後，會嘗試提出解決方案：「也許他可以扮寵物，你們家還欠一隻寵物呢！」如果孩子不接受的話，老師也不會強迫，遲來的孩子見老師也有嘗試幫助他，只是老師也要尊重其他孩子的決定，他也只好接受現實。如果孩子表現得很失落，我們可以給他一點提議，讓他先玩其他遊戲。同時也要告訴他這只是暫時的安排，下一次他早點參與，其他孩子也會樂意跟他一起玩，讓他知道這是其他孩子「對事不對人」的決定。

分享是美德，但如果過程中違反了孩子的意願，那就是搶奪。

在現實生活中，Bill Gates 把大部分收入捐給慈善團體，我們可以歌頌他的無私精神。但如果我們自己走入銀行，要求銀行職員打開金庫，跟全港市民一起「分享」，下場是怎樣，不用說也知道。在孩子的世界裡，怎麼我們卻助長這種搶奪的行為呢？

我們要因應孩子不同的年紀，和他們對「擁有」和「分享」的認知，來處理「分享」這個課題。如果孩子不同意分享，而我們卻強行要他們分享的話，這只會加深他們對「分享」的誤解，認為「分享」就是從別人手上奪取自己想要的。讓他們隨自己意願決定分享與否，會加強他們對「分享」這個概念的理解，知道分享不代表失去，便會更有信心跟他人分享。

孩子自行決定分享甚麼

當他們自願分享時，我們可以給他們具體的讚美，讓他們知道這是我們欣賞的行為。別以分享為名，把罪疚感加諸孩子身上，這是要脅。明明是屬於孩子的東西，別人想分一杯羹時，孩子有權拒絕，這時，我們可不要怪孩子自私。分享是美德，但你不把全副身家捐出來賑災，不代表你自私自利、冷酷無情。

如果我們每每以分享為名替孩子出頭的話，他們便會妄顧他人的意願，在他人不願意時亮出「分享」這皇牌，來達到自己的目的。讓孩子明白分享背後的真正意義，學會尊重別人的意願，同時學習等待。我們也要讓他們明白，公平不是所有人共享，而是所有人都受到保障。

不強迫孩子分享，不代表要把他們養成自私自利的人。我們可以從各方面鼓勵孩子分享。

首先，我們自己要在孩子面前多分享，讓他們親身體會「分享」到底是甚麼一回事。父母都是孩子的榜樣，孩子見父母多分享，自然會跟著做。

在孩子跟其他小朋友一起玩之前，我們也該先為孩子做好心理準備，讓他們事先決定哪些玩具他們會願意跟別人分享，哪些玩具則只屬於他自己的，協定不能跟別人分享的便該收起來，別讓其他孩子見到，這樣可以避免很多爭拗。

分享是美德，分享的好處我們都知道。可是我們也要小心，別要以分享為名，剝奪孩子的權利和自由。

4.6 告訴孩子
你也會痛

我們要讓孩子知道其他人也會覺得痛，
孩子便會易地而處，為他人切想。

我開始在這裡工作時，遇上孩子Loic（三歲），他爸媽講法文，他從我們英德雙語幼兒園升上幼稚園，才三歲便要每天接觸三種語言，所以比其他孩子遲一點學會清楚表達自己。我剛認識他時，他只會說一句：「Nein!!!!（不）」。他性格倔強，我從未見過他哭。有一天，他上廁所後不洗手，我叫停他，他卻愈叫愈走，叫他洗手，又換來一句「NEIN!!」這次我也不妥協，我抱起他，要他去洗手。他伸出手在我的手臂上狂抓，劃上一條條紅痕，我馬上要他獨個兒在飯堂坐著冷靜下來，幾分鐘後，我回到他身旁。我先蹲下來，跟他一樣「咁高咁大」，看著他的眼睛，伸出手臂，叫他看看。我沒有擺出強硬的姿態，反而讓他知道，我也不過是個人，我也會覺得痛。他看著我手臂上一道道紅痕，沒說話，但我在他眼裡，看到眼淚。那是我第一次見他哭。

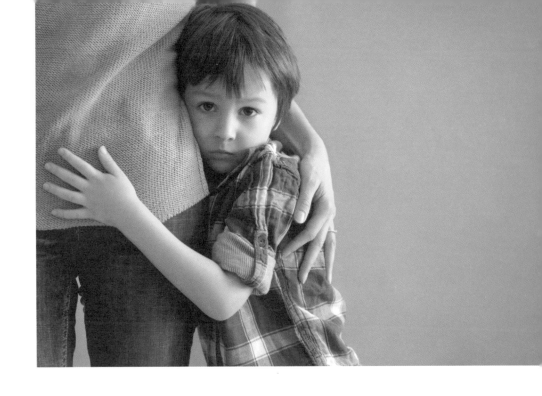

孩子有同理心　會易地而處

孩子之間的衝突，絕大部分都是一時意氣，他們都不是存心傷害其他人，只是動手比動腦筋快，他們來不及想出解決方法，便伸手搶玩具或打人。孩子都是善良的，他們情急時，也許會出手打人，但當他們見到其他孩子受傷，就會覺得內疚。我們不用大聲喝罵，只要讓他們看清楚受傷的孩子，告訴他們其他孩子也會痛，觸動他們的同理心，他們就會知道自己做錯。孩子動手打人，道歉是必要的，沒有商榷的餘地。不過，道歉要有誠意，寧可花時間等孩子準備好真心道歉，也別要強迫他們即時吐出一句「對唔住囉」。如果孩子習慣以道歉敷衍了事，他就會覺得「講咗對唔住就大晒」。

我們要讓孩子知道其他人也會覺得痛，有同理心的孩子，會易地而處，會為他人切想。

每個孩子天生都有能力體現同理心，但同理心就像是學習語言和做運動，後天的栽培是不可缺少的。

在兩歲之前，孩子還未能理解「同理心」，但他們會理解喜怒哀樂，隨著他們的情緒發展成熟時，他們會開始明白其他人也同樣經歷喜怒哀樂。我們可以在他們不開心時，表達我們對他們心情的理解，讓他們體會有人明白自己的心情。

同理心比責罰具份量

我們習慣只跟孩子分享快樂時刻，但所有不快的心情，就避免讓孩子見到。要啟動孩子的同理心，也必先要讓他們接觸到其他人的負面心

情。他們才有機會在別人的角度理解不同的情緒，這樣是他們強化同理心的練習。

孩子不表現同理心，不代表他們沒有同理心，只是有時候，他們的同理心會被憤怒、羞恥和妒忌等其他負面情緒所蒙蔽，所以，幫助孩子自己調節負面情緒，可以有助他們對別人展現同理心。

有一天，一向很喜歡我的Laura（五歲）聯同其他幾個女孩子跟我鬧著說：「我不喜歡這家幼稚園，我要回家」。我本已很忙，她這樣說，我一時賭氣，便跟她說：「好啊，可惜你都不能自己回家。」然後，她們也不服輸，真的穿上外套換了鞋子，走到樓梯口擾擾嚷嚷了幾分鐘。

第二天，她們排隊刷牙時，我叫她們安靜點，於是她們又嚷著討厭這幼稚園。這次，我改變了策略，我放低手頭上的工作，走到她們面前，告訴她們：「我很用心為你們準備遊戲，跟你們講故事，只希望妳們在幼稚園開開心心。妳們現在說討厭這裡，我真的有點失望。」然後，她們跟我說：「我們只是開開玩笑，不是真的討厭這裡。」就這樣，沒有擾擾嚷嚷吵吵鬧鬧，這個「討厭幼稚園」的鬧劇便告終。

同理心比起老師的責罰更有分量。孩子不想傷害我們，只是有時候，要我們提醒一下，觸發他們的同理心。告訴孩子你也會覺得痛，但別一直擺出一副受害者的姿態，這會使真心真意待我們的孩子，會以為一切都是自己的錯，因而過份自責，令自我形象因而變得低落。

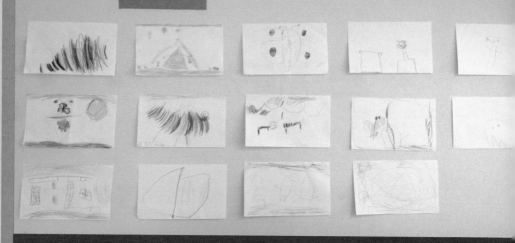

I would like
to be a ...

第五章：
語言發展之路

學好英語只是頭盤，
一個人有學識、有教養和説話有內涵，
才是成功的關鍵。

5.1 母語優先

沒有母語的基礎，會直接影響孩子的社交、
情緒和日後的語言能力。

有些家長盲目相信孩子年紀愈小，學習語言的能力便愈
高，同時太高估英語對孩子前途的影響，又太低估母語的
重要性。為了讓孩子把握黃金時間學好英文，他們在孩子
牙牙學語時已「灑脫地」放棄廣東話，專注為孩子建立一個
全英語的環境。

如果「愈早開始學語言愈好」是金科玉律，全港學生在三
歲讀幼稚園時已開始學英文，而德國學生要在小學三年級
才開始上英文課。按道理說，香港人的英語能力應該比
德國人高出很多，為甚麼還有這麼多香港的年青人「唔識
英文」？

學第二語言跟學母語不一樣

在孩子三歲之前，如果他們有40至60%清醒時的時間都浸淫在第二種語言中，那麼孩子一般都是雙語同步（Simultaneous bilingual），也是指他們同時以兩種不同語言作為母語。這種情況一般是因為家中父母各以不同的語言為母語，而且只跟孩子用自己的母語對話，對同時學習兩種語言來說，這無疑是最自然而有效的方式。絕大部分在香港土生土長的孩子，父母都是香港人，家裡只用廣東話溝通，母語就是廣東話。他們一般只透過英文課接觸英文，即使他們上的是英文幼稚園，每天接觸英文的時間，最多也只有三四小時。以一個孩子每天睡十二小時來計算，英語環境只佔他們清醒時間的三分之一，英語很多時只會是香港孩子的第二語言，而非母語。學習第二語言的方法跟學習母語不一樣，也就是說，如果你的孩子不是在同步雙語的條件下同時學中英文，他就像其他以英語為第二語言的人一樣，只能夠從英文課中慢慢學習。

別誤信學外語要趁早

其實「愈早開始學語言愈好」這個說法只適用於多學一種母語，如果是學第二語言的話，遲一點開始也可達至同樣的程度。一般人覺得孩子學語言比成年人快，其實是因為孩子本身說話時的用字和句式較簡單，所以要顯得「流利」的標準亦相對低。加上孩子每每從正規的課堂上學習英語，而成人學習時，很多時都只是每星期上一課，甚至只能在家中自學，所以學起來，孩子的進度才會比成人快。如果成人也以跟孩子一樣的方式學，加上成人本身的母語基礎，很有可能會學得比孩子快。

還記得我讀大學副修西班牙文時，西班牙講師跟我們說，他的學生在西班牙密集式上了四星期課，回到香港跟他吃飯時，可以全程只用西班牙文溝通。那時我不相信，因為我在香港學了三個學期，到了西班牙的第一天，我連一句簡單的「我想喝水」也記不起怎麼講。最後，我在西班牙上了八星期課，每天四小時，回港後，我真的跟那個西班牙講師吃了那餐「全程只用西班牙文溝通」的飯，那年我二十二歲。初到德國時，我也同樣每天上四小時的德語課，九個月後，我用德語面試見工，結果成功獲聘，得到了現在這一份幼稚園老師的工作，那年我二十七歲。

除了因為誤信「外語」一定要趁早學之外，另一個促使香港家長放棄孩子母語的原因，是他們過份高估了英語的重要性。

我唸小學時年少無知，一天，一位新移民同學贏得全級作文比賽冠軍，我心想，普通話是她的母語，作文當然厲害：那時候的我，以為

作文就是把口語轉化成書面語。到長大後不再無知了，方才知道寫一篇好文章並非那麼簡單，文筆通順僅僅能作頭盤，文章的內容結構、情節鋪排、修辭技巧、作者的觀點立場、論點論據等，才是主菜。要寫得一手好文章，作者必須有良好的觀察力、組織能力、知識文化水平和批判性思考，否則只會寫出乏味的作品。同樣道理，學好英語只是頭盤，一個人有學識、有教養和說話有內涵，才是成功的關鍵。

別為英語放棄母語

很多香港家長以為只要說得一口流利英語，將來前途必定無可限量。英文很重要這點毋庸置疑，學好英文的確可以讓我們得到更多際遇和機會。但別以為會說英文就能夠所向無敵，在英美澳加等國，所有道友、流氓和殺人犯都會說流利英語，那又代表甚麼？學好英語或者有利遷入名校網，但是沒有優良的成績，終究還是進不了名校的。流利的英語會話能力，也許一開始可以騙得了人，但言之無物的話，別人多聽幾句便能識破。

不少家長為了讓孩子盡早專注學英語而放棄母語，結果賠上沉重的代價。

同時學多種語言反而混亂

有一位四歲的小男孩，爸爸是德國人，媽媽則來自越南，父母之間用英語溝通。這孩子入讀我們這所幼稚園之前曾在中國住了一年多，父親當時常要到外地工幹，動輒幾個星期不在家。由於年紀少少同時要接觸德語、英語、越南語和中文等四種語言，令孩子感到混淆，結果到差不多三歲時他還是未學會說話。每天花最多時間照顧他的母親開始著急，於是選擇放棄她認為最「沒用」的語言——自己的母語越南語。媽媽開始只跟孩子說英語，她的英語不是特別靈光，跟孩子的溝通也只在於日常生活中簡單的對答，她本身可用的英語詞彙有限，遇到生活上眾多不同的物件，她不懂正確的英文名稱時，只能用「這個」代替，溝通是沒問題，但孩子沒有從她身上學懂物件正確的名稱，所學的詞彙也當然有限。眼見孩子因為缺少跟媽媽共通的母語，成為他語言發展的窒礙，媽媽也有想過重頭開始，用回自己最熟悉的母語跟孩子溝通。可是語言專家說那時再開始，已經太遲，孩子不可能再以學母語的方式學習語言。也就是說，孩子不會有自己的母語。

亂學後要矯正很困難

那孩子本身很聰明，能聽懂老師的英文和德文，可卻總是講不清楚。初到幼稚園時，他很多時只能用單字表達自己，到幾個月後慢慢進步，才學會組織句子，但他說起話來，終究還是不太清楚，就連老師要聽得明白也有點吃力。現時他每天花八小時在幼稚園跟其他同學溝通，有了相對穩定的語言環境，德語慢慢成為他的第一語言。可是當和其他孩子一起玩時，委屈於語言能力局限而不能清晰發表個人意

見，導致他在群體活動上，只能擔當聆聽和服從於他人的角色，而不能當領袖。此外，這個劣勢在這孩子遇上不如意事時會進一步把他推進困境，因為不能清晰表達自己的不滿，以致難以宣洩或者獲得別人的理解，而顯得憤怒和更加沮喪。所以，母語不只是一個孩子語言發展的關鍵基礎，更有助孩子的社交和情緒發展。

為了學習外語而放棄母語，根本是本末倒置。如果家長本身的英語是流利完美至近乎母語程度，而只跟孩子用英語溝通，英語便會成為孩子的母語。但有些父母本身英語一般，卻堅持只用英語和子女溝通，令到孩子學了錯誤的發音和語法，到最後要再矯正就變得相當困難了。

母語是最親切的語言

母語之所以稱為「母」語，是因為孩子還在母體內時，也能聽到媽媽用母語說話時的語調，這是對我們而言最親切、最敏感的語言。當嬰兒聽到這種語言，也會特別留神，所以用母語跟孩子溝通，會比用第二語言有效得多。想像一下，一個孩子每天接觸到多少新事物，每天會問多少問題，每問一個問題，他們對外界的認知便多一點。如果強迫他們用不熟悉的語言溝通，有時他們寧願少說話和少發問，到最後就可能錯過了很多學習的大好機會。

英語是全世界最多人學的第二語言，學英語的資源也是最多最豐富的，我們不必過於擔心孩子遲起步。讓他們好好了解認識自己的母語，學會怎麼用連接詞、辨別「的、地、得」的分別，到他們學第二語言時，便可以母語的語法為基礎去理解和加深記憶，學起上來更得心應手。就像我們當初學英文時，知道在形容詞上加上「-ly」就等於中文的「XX 地」一樣。

再者，鞏固母語的基礎，提升孩子的表達能力，對孩子學習外語也有莫大的幫助。我們翻開中文字典，都不會懂得每個字的讀音和詞義。要孩子學會所有英文生字，更是不可能的任務。但如果孩子學會怎麼以有限的詞彙來表達他們不懂的生字，便能大大加強他們的溝通能力。

母語是和家人溝通的橋樑

有天四歲的Julius用德文說：我需要一個Hocker。（Ich brauche einen Hocker.）

我用英文問：甚麼是Hocker？（What is a "Hocker"?）

他想了一想，說：我們會坐在它上的。（auf dem kann man sitzen.）

於是我便恍然大悟，原來他想要的是一張小櫈。我們初學外語時，可以用的詞彙十分有限，初學者也常因詞彙有限而不能有效地表達自己，但如果像Julius一樣，學懂如何形容和解釋物件的用途，便可以解決很多溝通上的問題，比起純粹背誦生字，這技巧更有助孩子以外語溝通。

好好了解母語是學習外語的關鍵基礎，但撇開一切功利計算，其實母語是孩子跟家中各人溝通的橋樑，儘管孩子英語說得再好，在香港生活，面對所有講廣東話的親戚朋友、街坊街里、侍應店員和路人甲乙丙，不會說廣東話的孩子，永遠不會真正成為香港的一分子。

P.S. 近年流行「普教中」，把上文所有「英文」改為「普通話」，道理一樣。

5.2／讓孩子愛看書

我們不必執著於圖書有沒有教育意義，
有時候讓孩子看看主角胡鬧的書，
也能滿足他們心底淘氣的一面。

學校推出的辣招層出不窮，但沒有一招是讓學生因應自己
興趣，按著自己的步伐而閱讀的。有時我真的懷疑學校是
否借「鼓勵閱讀」之名，壓抑學生閱讀興趣為實，使學生可
以騰出更多時間溫習。

交閱讀報告只是交差

閱讀的好處不用多講，學校出盡法寶「鼓勵」學生多閱讀，
除早上閱讀時間外，還有假期功課少不了的閱讀報告。

早上閱讀時間每星期一次，當天沒有早會，學生要提早上
課室，花二十分鐘跟班主任一起看書。書本由學生自選，
但不能是教科書，也不能是學科指定的課外讀物。每次早

上閱讀時間完結後，學生要填表格紀錄自己看了多少頁。避免學生每次在晨讀時間「扮」讀書，學校更規定同一本書不得閱讀超過三星期。

學校也明白學生每天下課回家都要溫習和做功課，未必有時間讀課外書，所以每逢假期，就是「閱讀」的好時機，也是閱讀報告出場的時候。十幾天的學校假期，中英兩科各兩份閱讀報告是等閒事，也有學校要求學生一星期完成一份英文讀書報告。所有莘莘學子都心知肚明，十居其九的閱讀報告，其實都沒有真正閱讀的成分。學生不是完全沒興趣閱讀，只是他們真的沒時間，閱讀的節奏追不上閱讀報告的死線，到了最後，為了交差，唯有跳過閱讀的過程，直接草草完成報告了事。

培養孩子自行閱讀

到底怎樣才可以引起孩子的閱讀興趣？

首先是要讓他們多接觸圖書。讀書的習慣不必等孩子認字後才培養，德國幼稚園的孩子都不識字，園內卻設有閱讀角，在書架上存放不同種類的圖書，讓孩子自己翻閱。有時候，他們還會自己安靜地在閱讀角似模似樣地看圖書。然後，孩子們會開始扮演老師的角色，坐在椅上跟其他小朋友講故事，這不但給予他們一個閱讀的氛圍，還讓他們透過「看圖作故事」的機會去訓練說話的技巧和組織能力。這樣放任孩子自己翻閱圖書，反而能夠提升他們對書本的興趣。他們大部分都很期待每天飯後的故事時間，有些更會在自由活動時間主動要求老師單對單講故事。

不少德國父母會在孩子睡前跟他們講故事，孩子靜靜地躺在床上聽父母講故事，可以寧靜心神，準備入睡。德國人注重培育孩子的獨立自主，在閱讀方面也一樣，德國孩子不識字，如果每每要依賴成人才可閱讀的話，難免會令孩子失去信心和興趣。這種情況下便有繁密繪本（Wimmelbuch）的出現，「Wimmelbuch」一詞在英文可翻譯成圖畫書（Picture book），德語中「Wimmel」可解作「密集」，而「Buch」就指書本。顧名思義，這種圖畫書沒有文字，就只有密集的圖畫。每本繁密繪本都有不同的主題，以城市一角為例，每頁的圖畫都滿布不同的人物、商店和各式各樣的活動，有點像兒童版的「清明上河圖」。孩子自己翻閱時，可透過圖畫上的細節發掘每個角落的新事物，而家長伴讀時，也可以針對圖畫逐一作出解釋。

讓孩子選有興趣的書

除了讓孩子多接觸讀物外，選書也是培養讀書興趣關鍵的一環。我們要先認清閱讀的目標，才能有效地挑選適合孩子的圖書。到底應該選「十萬個為甚麼」還是「發音讀本系列」？孩子真的有興趣嗎？培養孩子的閱讀興趣是第一步，待他們養成閱讀習慣後，再讓他們讀不同類型的書，他們才能吸收。如果一開始便以「學習」為閱讀的大前提，孩子也許會感到乏味。我們不必執著於圖書有沒有教育意義，有時候讓孩子看看主角胡鬧的書，也能滿足他們心底淘氣的一面。

別忘了，當孩子拿起書看，便已是引發閱讀興趣的第一步，也是對語言發展的薰陶。當孩子看書看多了，會對外在事物感到好奇，懂得開

始思考時，再讓他們看「十萬個為甚麼」也未遲。再者，故事書可以一口氣看完，但其他實用類圖書，卻要時間慢慢消化。如果我們強迫孩子看完整本「十萬個為甚麼」才能看第二本書，反而可能會磨滅他們對閱讀的雄心壯志。相反同時交替看一本故事書和一本實用類書籍，既可以讓他們保持閱讀的習慣，又可以有時間消化書本的內容。

家長可以配合動作輔讀

除此之外，成年人在伴讀時的角色也要注意，在孩子閱讀時附以適當的協助，能為孩子發掘更多閱讀的樂趣。家長講故事時，只需要配合動作手勢或指著書中圖畫作提示，不要每遇到一個生字便停下來解釋，因為這樣不斷打斷故事，會令孩子感到不耐煩，最後對閱讀失去興趣。其實只要對了解整個故事結構沒影響，不必刻意解釋每個字詞。由得孩子自己靠上文下理去推斷和理解生字的意思，反而可以提升他們的閱讀能力。同時，因應故事內容以不同的語速和聲調講故事，能為孩子提供聽覺上的輔助，讓他們更容易理解生字。例如句子中提及「慢慢地」（Slowly）一詞，我們也該緩慢地讀出句子，方便他們掌握這個生字其實是指較慢的速度。

閱讀加上活動加深印象

雖然故事書最容易引人入勝，但不少簡單易明的科學類書籍也有它們的吸引之處，不過孩子看這類書籍時，成人的指導作用十分重要。例如在故事時間跟孩子一起讀有關人體骨骼結構的書，書中提及到手指

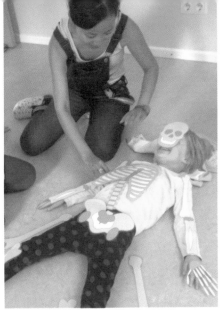

老師的輔助，讓孩子更容易吸收書中的知識，帶領他們理解箇中奧妙。

的三節骨頭如何讓人類的手完成各種精細的動作，這時候我會引導他們自己伸出雙手測試如果手指全都只有一節骨頭，我們的手部還能否活動自如。另外，我還做了一個人體骨骼拼圖，讓孩子邊聽講邊從拼圖中找出各部位的骨骼。老師的輔助，讓孩子更容易吸收書中的知識，帶領他們理解箇中奧妙。而且在閱讀時加上活動，也讓他們留下更深刻的印象。

每個父母都是孩子心目中最偉大的偶像，他們有多少次因為崇拜而穿起爸爸的鞋子模仿爸爸、偷用媽媽的唇膏模仿媽媽？父母做甚麼，孩子都喜歡依樣畫葫蘆。如果孩子每天見到父母整天舉頭看電視，低頭玩電話，耳濡目染之下他們自然會覺得電視和電話才是最有趣的玩意，又怎會對無聲無片的書本提起興趣？再者，要孩子專心閱讀，我們便要營造一個有利閱讀的環境，當四周都是電視聲，孩子不期然會分心，所以當我們想孩子好好閱讀時，作為家長也該做個好榜樣關上電視，跟孩子一起拿起書本。

5.3 選一本好書

買圖書貴精不貴多，可以的話，
應先到網上看看不同的書評，
先作篩選。

想像一下你的小女孩長大了，十四歲亭亭玉立的時候，她走來告訴你，她昨天遇到她的白馬王子，打算明天跟他結婚，然後從此過著幸福快樂的生活。你會怎想？白雪公主的故事比此更荒謬，但卻是代代相傳的著名童話故事。

家長自己先看一遍

閱讀除了可以促進孩子的語言發展外，一個好的故事也能讓孩子在閱讀當中領略道理，這比起我們一般口頭上的教化更為有效。但市面上的圖書品質良莠不齊，未必所有都適合孩子。讓孩子自己閱讀之前，家長自己事先看一遍是不能或缺的步驟，就像是老師上課前必先備課的道理一樣。除了要評估故事內容是否適合孩子外，也要評估我們

自己能否引導孩子批判思考，或是根據你對孩子的了解而判斷孩子是否有能力辨別是非。

作為家長，你若不喜歡公主故事，大可以把所有故事過濾，不讓孩子接觸，但回到幼稚園、學校，或隨便走到街上，你可避不了滿街穿公主裝的孩子。所以最重要的還是灌輸正確的價值觀，讓孩子自己可以分辨是非，選擇一個他們心目中值得欣賞的故事角色。反正都禁不了所有公主故事，何不跟孩子看看戴安娜王妃的事跡，讓孩子看看現代的公主怎麼為社會帶來貢獻？很多事都「全在主觀的心，不在客觀的事」，同一個故事，以不同的角度講，孩子會有不同的得著。

衣服玩具可以不必多買，但一本有潛質的故事書，卻很值得投資。何謂有潛質？一本有潛質的書應該要有教育意義，在閱讀過程中，孩子可以參與其中，還要百看不厭，而且能引申不同的閱後活動。

我們幼稚園有不少圖書，但孩子最愛的，還是 Dr Seuss 的故事，即使已經聽過很多遍，每次他們找我跟他們講故事時，還是在 Dr Seuss 的眾多故事中挑選。

買圖書貴精不貴多

Dr Seuss 是美國現代最有名的繪本大師，筆下的 *The Cat in the Hat*、*Green Eggs and Ham* 和 *Horton Hears a Who* 等故事都廣受小朋友以至成年人愛戴。以 *Green Eggs and Ham* 為例，故事鼓勵孩子嘗試不同的食物，全書用字簡單，只用五十個生字不斷重複組合構成整篇故事，而且以詩歌押韻形式撰寫，讀起來瑯瑯上口。我第一次跟孩子讀這個故事時，他們已經能跟著唸，而且能牢牢記住故事中不斷重複的五十個生字，而且知道這些生字怎麼用於不同的句式中，這比起看圖認生字的認字咭更有助兒童的語言發展。再者，他們自己能跟著老師唸，給他們大大的信心，自然喜歡一讀再讀。看過 *The Cat in the Hat* 後，讓孩子頂著書本和水杯扮演故事中的主角練習平衡；看過 *Horton Hears a Who* 後，我們用紙皮箱做出故事中的大笨象 Horton。還有很多不同的閱後活動，既可提起孩子閱讀的興趣、鞏固他們對故事的認知，同時帶來無窮的親子活動主意。

我們用紙皮箱做出故事中的大笨象 Horton 與長頸鹿。

買圖書貴精不貴多，我們不必急著買。可以的話，應先到網上看看不同的書評，先作第一輪的篩選。然後從圖書館借來不同的故事書，逐本跟孩子一起閱讀，遇到他們特別喜歡的故事，就可以買下來。故事結局的驚喜孩子只能經歷一次，但反覆閱讀同一個故事時，孩子每次都會對故事的文字留下更深刻的印象，而且也能在插圖上不斷有發現，提升他們的觀察力。

可以讓孩子構思自己的故事

閱讀圖書對語文能力有顯著的幫助，但都是靠接收外界資訊的形式去提升理解能力，讀者處於被動的狀態，要將孩子從閱讀中吸收到的重

新演繹出來。我們可以把舊書、舊雜誌的人物圖案剪下過膠，作為新故事的題材，用作故事人物和背景，然後著孩子自己構思屬於他們的故事，這樣講故事，既可讓孩子發揮無限的想像力外，還可提高他們的表達能力。最叫孩子興奮的，就是把一家大小的照片剪下來，讓他們把爸爸媽媽和自己都帶入故事，由他們講一個完全屬於自己的故事。

花點心思跟孩子一起選一本好書，就會發現原來我們年少時錯過了那麼多動人的經典之作。

孩子自己構思屬於他們的故事，這樣講故事，既可讓孩子發揮無限的想像力外，還可提高他們的表達能力。

5.4／ 語言成績表

孩子的世界，試卷不代表甚麼，
反之，日常生活的溝通能力，
卻影響深遠。

孩子於三至五歲在幼稚園期間，是他們學習語言上一個極
為重要的階段。這個時候，他們很多都已經會說話，但在
幼稚園裡，每天跟眾多的老師和孩子相處，他們會學到很
多新的詞彙。孩子之間的互動也是他們語言發展的催化
劑，他們由每天早餐桌上的閒話家常，到找老師投訴，都
是對語言的考驗。

德國孩子升讀小學前不讀書不寫字，但老師會從日常生活
中鼓勵孩子表達自己，讓他們的語言得到多方面發展。老
師每年都會為孩子填寫語言發展評估表，當孩子在語言發
展上有窒礙時，老師也會及時發現，好讓孩子適時得到語
言治療等額外的幫助。評估表全是透過老師的觀察而填，
句子的文法和結構，雖也在評核範圍內，但是老師會根據
孩子平日的說話作評核，孩子不必做試卷。

觀察孩子與其他人的交流

SELDAK（Sprachentwicklung und Literacy bei deutschsprachig aufwachsenden Kindern）是幼稚園常用的語言發展評估表，為四至六歲以德文為母語的孩子而設。當中有不少從日常交流間的觀察，可以用於評估所有孩子的母語認知發展。

孩子在「小組討論」中的表現是一個很好的指標。所謂「小組討論」，不是找來幾個孩子限時五分鐘要他們討論出結果來，而是看看孩子在吃午餐或是 Morning Circle 時，跟其他孩子和老師的交流。一個語言能力高的孩子，會在說話圈中留心聽別人的話，會表達自己的意見，而他的意見也會符合討論的主題。除此之外，他也會問有關的問題，而顯得毫不猶豫。當其他人對他的意見表現得不理解時，他也能向別人清楚解釋。

除此之外，孩子在日常交流中不同的情況下，跟別人溝通的方式或語調，也能反映他們的語言能力。當一個孩子能夠在適當時候用較正式的句式或用詞，表示禮貌和尊重時，他們的語言發展也步入穩定的階段。孩子還會對著不同的說話對象，採用不同的語調和聲調，同時保持眼神接觸。如果孩子在遇到衝突時，仍然能夠利用說話把事情發生經過準確描述，又或者能夠在說話時引起同輩注意，那孩子的語言發展便為優良。

可邀請孩子講自己的經歷

在跟孩子溝通時,我們可以請他們講述一些自己的經歷,從他們描述中,留意一下他們有沒有用不同的聲音語調表達不同的人物,也留意他們能否一氣呵成敍述事情發展,而不跳過某些細節。如果孩子本身對語言和溝通的觸覺較敏銳,他們還可以分析說話對象對自己經歷有多了解,然後附上資訊幫助聆聽者理解,例如孩子向父母講述陳老師時,會假設父母不知道陳老師是誰,而說明陳老師是代課老師。

故事書或圖書跟語言發展也有著不可分割的關係,我們也可以從孩子閱讀時或聽故事時的表現,看到孩子的理解能力有多高。孩子語言發展良好,便會對書本表現得有興趣,他們會受書中的圖畫吸引,問有

關故事內容的問題。當孩子在聽故事時，透過故事情節發展或人物角色，聯想到自己的經歷或其他故事內容，請別責怪孩子不專心聽故事，相反，這正是他們留心理解後，再用腦袋思考聯想後才可做到的「高難度動作」呢！

在講故事時，我們也可以試試先別讓孩子看圖畫，沒有圖畫和動作等視覺上的輔助，孩子必須留心聆聽，這樣可集中訓練孩子的聆聽理解能力。在講故事後，我們也可鼓勵孩子自己重新演繹故事，從而評估孩子對故事有多了解以及他們的表達能力。

每天溝通交流了解孩子

雖然德國孩子在幼稚園時還不會自己閱讀，但單從他們「看」圖書的表現，也能對他們的語言力能力略知一二。語言能力較好的孩子，會自己從書架找書看，他們會慢慢逐頁揭，留心看每頁的圖畫，外人看來他們就像自己閱讀一樣。他們也會跟其他孩子討論書中的圖畫，甚至拿起書本請老師講故事。這正是孩子對閱讀感興趣的啟蒙期。

當我們單單以試卷評估孩子的語言能力，很多時都不夠全面。現實生活中，文法、句子結構和閱讀理解只是語言能力的其中一項，孩子日常生活中怎麼參與討論、提出意見、描述事物等，也是不可忽視的範疇。在孩子的世界，試卷不代表甚麼，反之，日常生活的溝通能力，卻影響深遠。孩子每天的溝通交流，便是他們在語言發展上的成績表。

第六章：
成人的同行

別扭曲教育孩子的原意，
我們教好孩子，
是為了孩子自己，
而不是為了取悅社會大眾。

6.1 / 你的孩子快樂嗎？

我們對孩子的寵愛，不是無條件的嗎？
之前說好的只要健康快樂就夠呢？

孩子出生之前，家長求神拜佛只為孩子可以健康平安，怎麼孩子一出生之後，我們便把全家的抱負和寄望都放在他們肩上？嫌他這樣做得不夠，嫌她那樣做得不好。我們對孩子的寵愛，不是無條件的嗎？之前說好的只要健康快樂就夠呢？

不忍孩子從小飽受壓力

我們羨慕德國孩子可以自由快樂地學習，因為我們都愛孩子，我們都不忍孩子從小飽受壓力，我們都想為香港的孩子找條出路。

很可惜，我們都不在德國，德國孩子統一在小一時才開始讀書寫字，所以他們在幼稚園的幾年，真的可無後顧

之憂地開心學習。而香港的孩子打從出生開始，就已經要面對升學的壓力。要入大學，必先入一間好中學；要入好中學，必先入一間好小學；要入好小學，必先入一間好幼稚園；要入好幼稚園，必先在入學前已做好準備；要在入學前已做得好準備，必先由出生起培養。

我們小時候，跟其他小朋友一起胡鬧，被父母逮個正著，總會為自己辯護：「係XXX帶頭做，我先跟住做。」而爸媽就會回贈一句：「XXX去跳樓，你係咪跟住跳吖？」諷刺的是，現今香港的幼兒教育正正就是這樣，所有家長都歸咎於其他家長太過緊張，他們的孩子都上十個興趣班，如果自己不讓孩子也上三幾個興趣班，他便會比其他孩子落後很多。這樣的思維，根本就是「XXX攬住個仔去跳樓，我都要攬住個女跟住跳」。

成績與快樂的取捨

作為家長，我們都不希望孩子比別人落後，我們都想孩子可以成材，將來長大後，可以找份好工作，不必擔心生計，但我們同時又希望孩子可以健康快樂地成長，所以才會在香港教育制度這個困局中團團轉。最理想的，就是孩子在學業上不落後，同時也能開開心心成長。

但當魚與熊掌兩者不能兼得時，我們會怎麼選？如果我們必須從孩子的學業成績和健康快樂間取捨，我們會捨棄甚麼？

孩子能不能得到好成績、將來能否入到心儀學科、畢業後能否一帆風順找到穩定的工作，這些都不在我們控制之中。但孩子的童年能否快樂地度過，卻是我們可以左右的事。孩子的將來，的確是未知之數，但他們的童年過得開不開心，卻是當下的事。

且不說孩子長大後能否入讀心儀的大學學科，眼見香港這麼多大學生，寒窗苦讀二十年，畢業後還是當個普通文員、把所有工資花在供樓、交租直至退休，生活質素還不如只有小學畢業程度的業主。到底是怎樣的社會風氣，叫家長甘心把孩子健康快樂的童年作賭注，去放手一博，為的是他們長大後過著這種以大學畢業為名的蟻民生活？

小時候，媽媽從不要求妹妹和我分擔家務，她說她不想我倆一輩子也要打理家頭細務。我倆長大嫁人後的生活如何，不是她控制範圍之內，但只要我倆還跟她住在同一屋簷下，她也想讓我倆活在寵愛之中。

現今香港社會鼓吹家長盲目催谷孩子，所謂的贏在起跑線上，叫孩子疲於奔命。孩子往後的生活如何，我們未能掌握，但短短幾年的童年時光，就這樣斷送於家長和社會強行施加的壓力之中。這種「未見官先打八十」的荒謬做法，竟成為了主流。

情況就像你中了六合彩二獎，卻堅拒領獎一樣，因為你怕領獎後，便再沒中頭獎的機會。明明孩子現在可以快樂地成長，你卻偏要他每天在壓力中成長，因為你覺得唯有不斷催谷，孩子才有機會考入劍橋。可是，犧牲了孩子的童年，誰保證一定進得了劍橋，而且，又有誰說快樂的孩子長大後不會成功？更何況現實反映，成功人士都不是書獃子。

堅拒讓孩子成為學習奴隸

我不是慫恿家長任由孩子不思進取、好逸惡勞，只是，當孩子溫習做功課至半夜時，請家長問自己一句：「你要孩子的快樂，還是要好成績？」

香港的教育制度是一個困局，推翻不合理的教育制度不是一朝一夕的事，但別輕視自己作為家長的力量，只要我們堅拒讓孩子成為奴隸，沒有人可動孩子一條汗毛。

6.2 只須向孩子交代

為滿足社會對孩子的苛求，
我們忘了最重要的還是孩子的想法。

當父母，不必向其他人交代，只要向孩子交代。我們教孩子循規蹈矩、分辨是非，不是為了向社會公眾交代，而是為了讓孩子堂堂正正做人，這是對孩子的交代。

老師面對的教學壓力

當年讀教育文憑時，到澳洲中學考察，課堂上，一個學生竟然在有訪客在場的情況下，用耳筒聽音樂。老師看見了，若無其事地叫他答問題，那學生若無其事地答了問題，但同時很清楚老師看到自己在聽音樂。他沒有把耳筒拿下，但在餘下的課堂裡，他一次又一次主動舉手回答老師的提問，證明自己聽音樂時也有留心聽老師講課。

學生上課違規，老師不開口指責。如果校長經過見到，大概會覺得老師不負責任、沒控制好課堂秩序，但我身在其

中，卻驚嘆這位老師大方得體的處理手法。她沒有當面斥責他，但讓他知道她把一切看在眼內，這不但避免了一場大龍鳳，還讓這個原本沒留心聽書的學生，在課堂內積極留心聆聽及答問題。這是何其乾脆利落的雙贏局面。

在中學教書時，每個月都有一個連堂讓學生在堂上作文。有一次作文課，我想起了那位澳洲老師，於是，學生開始作文時，我便播起音樂來，告訴學生，我想試試音樂能否讓他們更專心寫作。學生都清楚這是老師對他們的信任，於是，他們努力證明音樂真的可提高他們的寫作效率，每當有同學開始竊竊私語時，其他人都會立刻盯著他，他也只好閉嘴繼續埋首寫文。那一課，九成學生都能在下課前完成作文，那也是我上過最安靜的一課作文課。

可是，那次之後，我再沒有在作文課上播音樂。因為那一課，學生沒錯是很安靜，但我整堂都不時望向課室外，生怕校長會突然經過，如果被她看見我在作文課播音樂，我也不知怎麼交代。其實我並沒有自己想像般敢作敢為，想著其後的續約壓力，我還是很怕在校長面前留下壞印象。

學校對老師的評核僅限於查簿睇堂，科主任和校長每年最多只有兩堂時間觀察老師上課的表現，但學生每天都跟老師長時間相處。一個老師好不好，問問學生便知道。只是，學生給的光環，不能當飯食。

當老師的，總會擔心科主任和校長怎麼看自己；辦學校的，總會擔心政府和家長怎麼評估學校。可悲的是，我們都忘了問，學生到底怎麼想。

要教好學生　不是討好校長

之前任教的中學，校長多次強調要做到「零伏枱，零瞓覺」，如見到學生伏在桌上，老師便要把他拍醒。沒錯，聽起來這是理所當然，由得學生在課堂上睡覺的老師，好極有限。可是現實課堂中，一班三十個學生，我才把眼前這個學生拍醒，班房另一端，又有一個伏在桌上，走過去把這個也拍醒，轉個頭，剛才拍醒的那個又睡著了。我無能，我沒經驗，自知不能不斷巡視，不斷拍醒學生，兼且同時講課、管理秩序，面對班上其餘二十個學生，我總不能把整課時間花在這種角力上，況且，我一直「扑傻瓜」，也不能專心講課。為免影響課堂的進度，我拍醒學生後，就會繼續講課，他要再睡，我五分鐘後再拍他，直至下課為止。

有一次，坐在第一行的學生伏在桌上睡著了，我把她拍醒，她勉強坐直，後來我繼續講課，她馬上又伏在桌上，這時校長正好在課室門外出現了。講課同時，見到校長站在門外，我下意識想伸手把眼前的學生拍醒。但在伸手前一刻，腦海浮現了一個問題：我這樣伸手一拍，是為了讓校長看見「我有做嘢」，還是為了課堂上的學生？我教書，是為校長，還是為學生？

就在那一剎那，我決定豁出去。

伸手一拍，或是舉手之勞，但對我而言，這一拍，代表我把校長對我的看法，放在我的學生和原則之上。加上，我很介意學生覺得我在校長面前「扮嘢」，所以，我堅拒做戲，忍住不伸手拍她。但校長卻一直站著不走，我知道她在等我把那位學生拍醒。我最後並未因此中斷課

堂，反而一邊若無其事地繼續講課，一邊轉頭看了校長一眼，讓她知道，我不打算在當下把她再次拍醒。那一眼，很冷。

校長也許會覺得我不盡責、不尊重她。但她沒看到我在她出現前，才剛把那個學生拍醒，她沒看到我忍住不伸手拍醒那學生的掙扎，她只看到一個由得學生在堂上睡覺也不管的老師。

而我，終於為自己認清方向，我教書是為學生，而不是為校長。我可不必向科主任或校長交代，但必須向學生交代。學校開例會時，我可以不專心，但跟學生相處時，我不能不用心。教師的工作，是教好學生，不是討好校長。

學校別淪為「爭客仔」商業機構

深信大多數幼稚園老師都對工作有熱誠，希望可以好好教育孩子。可是在幼稚園做決策的不是老師，甚至不是校長，而是在背後出錢投資的股東，說到尾就是生意人。為了經營生意，盡量滿足財主是必要的。不少幼稚園花在討好家長的時間多於花在孩子身上的時間，它們做的決定都是為了留住家長，而不是教育孩子。

近年社交網站普及，一件小事可以於一夜之間傳遍香港，如果有家長投訴，學校便會捲入風波。學校怕麻煩，怕影響校譽，所以事事都以「為免家長投訴」為大前提。為了不讓街坊對學校留有壞印象，有中學禁止學生放學後穿著校服「到處流連」，就連跟同學在快餐店一起吃下午茶做功課，也會被老師趕回家。街坊街里見這間學校的學生放學後

便立即回家，學校便成功營造「校風好」的形象。此舉博得街坊和家長的歡心，但可憐學生連放學後的私人時間也被管束。

有時候，面對學校無理的壓迫，我們的確要為孩子出頭，可是我們也要小心，別矯枉過正，對學校的行政構成壓力，當學校把「滿足家長」放在「教好學生」之上，學校便會淪為一個為「爭客仔」而存在的商業機構。

做決定應為孩子而非面子

之前一宗幼稚園老師「掟書包」事件，老師做法不恰當，未能在孩子面前樹立良好的榜樣，不少家長在網上見到有關片段也紛紛表示「掟書包」的行為不能接受。面對家長和傳媒的壓力，園方即時解僱涉事的三名老師，算是化解了一場公關災難，保住了校譽。可是孩子呢？有人問過他們意見嗎？

家長和網民單憑一段幾分鐘的片段判定老師沒資格教育孩子，但卻不問問每天跟老師相處的孩子。老師做法不當是毋庸置疑的，但即時解僱明顯是商業決定，而不是以孩子為大前提的解決方法。我不特別同情被解僱的老師，因為全港所有合約教師也是每年續約的，學校不與老師續約根本不需要理由，他們因「掟書包」而遭解僱，比起合約老師不明不白不獲續約已幸運得多。可是幼童在一天之間不見了熟悉的面孔，沒有機會跟他們喜歡的老師正式道別，更沒機會看到老師改過自己不當的行為，這會對孩子心理構成衝擊，把他們一直在幼稚園慢慢建立的歸屬感瞬間擊破。

當幼稚園爽快地解僱老師時，它只是為滿足作為顧客的家長，而不是為孩子著想。面對把「生意」放於孩子之上的風氣，我們應該要覺得可悲，而不是為園方的「英明決定」而覺得自己打了勝仗。

不要為取悅旁人犧牲孩子

老師為滿足學校，學校為滿足家長，家長為滿足社會大眾，結果都忘了滿足孩子。我們忙著顧及其他人的看法，滿足社會對孩子的苛求，於是做盡一切設法成為模範父母，但卻忘了，我們是孩子的父母，其他人的想法根本無關重要，最重要的還是孩子的想法。

我們幼稚園有個孩子，平日很討人喜歡，但撒起野來，誰勸都不聽。每當他放聲大哭時，老師一走近他就會哭得更大聲，即使之後他稍為冷靜下來，只要老師開口慰問一句，便會又再大哭起來，沒完沒了。試過幾次之後，老師都知道他的脾性，他哭時，老師會讓他先哭個夠，直到他的情緒相對平復，老師再跟他詳談。他的哭聲震天，有時甚至會驚動在樓下辦公室的園長，園長走上來，見到孩子站在門後大哭，而老師們在他面前走來走去，卻連一眼也不看他。這樣看起來，老師很無情，很不負責任，但只有老師知道，這才是最適合他的處理方法。

教育子女，常會踫到很多旁人指指點點，他們也許真心想幫忙，但沒有人會比家長更了解自己的孩子，只有你和孩子知道甚麼才最適合你們。如果找對了方法，儘管去做，身邊好心人的意見可以參考，但最終還得自己做決定，畢竟孩子的脾性你最清楚。

別扭曲教育孩子的原意，我們教好孩子，是為了孩子自己，而不是為了取悅社會大眾。

6.3 聘請外傭以外的選擇

如果爸媽不能自己帶孩子，
也該為孩子找個最接近父母的人代替，
與其請外傭，我寧願找隔籬屋師奶湊。

家中有僱用外傭的你，有曾因為外傭粗手粗腳打破碗碟，而把稍為名貴的餐具收起免被打破嗎？請問名貴餐具重要，還是你的孩子重要？怎麼你不放心把名貴餐具交到外傭手上，卻放心把你的寶貝子女交託給她？香港家長不會把孩子送到東南亞國家的學校，但卻專程請一個來自菲律賓、印尼、泰國的外傭來二十四小時照顧孩子，這又是甚麼道理？

走在外傭前的鄰家太太

二十年多前，聘外傭風氣不如現時普遍，雙職父母難以在家看顧孩子，除了可以拜託家中長輩代為照顧之外，還有一個選擇：把孩子託管於隔籬屋師奶家，再由父母下班後自行接送。

這種託管形式，純粹為了讓全職工作的父母可以安心工作，背後沒有甚麼偉大的育兒理念。隔籬屋師奶也不過是一個普通家庭主婦，大多沒有讀過甚麼幼兒教育課程，她們只有當媽媽的經驗。我媽媽也在我和妹妹還在讀小學時，替樓上的太太託管，負責每天接送她的兒子上幼稚園，準備午飯讓我們三個一起吃，然後督促我們仨做好功課。對於本身也要照顧我和妹妹的媽媽而言，多一個孩子，不會多很多功夫，在家工作，既能繼續照顧兩個女兒，又能多賺兩三千託管伙食費，何樂而不為？

工人姐姐只能追著孩子跑

直至後來，聘請廉價的外傭愈來愈普遍，全職工作的父母開始覺得，與其每個月付三千大元，回家還得自己做家務，倒不如多付一兩千，請個外傭，既可照顧孩子，又會打理家務，而且二十四小時候命。這

樣計來，請個外傭絕對「抵好多」。但教育孩子不是一門生意，沒有如意算盤可打，如硬要把養孩子看成一盤生意，它根本就是一盤蝕本生意。

外傭可為我們打理家頭細務，可湊仔，但不能教仔。她可以很愛你的孩子，她也許會把你的孩子視為己出。但，亦最多只能充當孩子的好朋友、大姐姐，在教育孩子方面，她們受的限制太多了。

我們不要孩子怕我們，但作為老師、家長或長輩，我們要有應有的威嚴。他們犯錯時，我們不用疾言厲色，他們也不敢作反，那是孩子對我們由衷而來的敬意。這種威嚴強裝不出來。外傭礙於家中的身份，很難在孩子面前樹立這種威嚴，但這種威嚴卻能在「隔籬屋師奶」中找到。

在孩子眼中，鄰家姨姨是長輩，爸爸媽媽也要對她客客氣氣，說到底，大家都是鄰居關係。但外傭不一樣，她們跟孩子父母是不折不扣的僱傭關係。孩子通常叫外傭「姐姐」，名義上只是同輩，爸媽可能對她很客氣很有禮貌，但最終，服務家中各人並擔負起掃地、洗衫、煮飯、洗碗，洗廁所等責任的都是她。孩子懂得透過觀言察色知道，外傭是自己家中地位最低的，外傭比自己更無話事權。

孩子做錯事，我們作為父母的可以訓示他，要他道歉，若他硬是不肯認錯，反而大聲哭鬧，我們也可以讓他自己哭個夠，冷靜下來再談。這無疑是恰當的處理方法。但如果把家長的角色轉換成外傭，父母回家只見孩子聲嘶力竭地哭，而外傭卻在一旁無動於衷，你會怎樣想？孩子不肯吃飯，最簡單直接而有效的做法，便是由他別吃，他知道餓了，下一餐自然會吃。家庭式的託管，託管媽媽同時會照顧自己的孩

子，遇上孩子不肯吃飯，也要一視同仁，她怎麼教自己的孩子，也要怎麼處理託管的孩子，這樣才能在孩子前樹立榜樣。但如果你是外傭，為免「孭鑊」，少主不吃飯，唯有追著餵。孩子在這段關係上，永遠佔上風，除非孩子天生乖巧過人，否則，他們知道如何把外傭玩弄於股掌之中，之後便更難管教。

鄰家太太較同聲同氣

父母對隔籬屋師奶的信任比外傭多，找外傭只能看履歷，基本上都是「撞彩」，她實際的工作表現，我們沒可能事先知道。但找個「隔籬屋師奶」卻不一樣，她自己的孩子便是一個非常好的標準，她的孩子乖巧伶俐，證明她教導有方。假若遇上大家教育理念不同，也容易溝通，最壞的情況，也只是終止託管關係，做回鄰居。但遇上有問題的外傭，我們要每天跟她同一屋簷下之餘，我們每天上班後，還要把孩子單獨交託給她，做父母的，怎能放心得下？

我們不得不承認，孩子都很聰明，我想幾乎逾九成的孩子，在幼稚園的表現都比在家好。這跟我們成人一樣，我們上班時和回家後，都根本是兩個人，對嗎？孩子回到家後，是自己的主場，人也就放鬆起來，如果沒有父母從旁提點，很多時連規矩都忘記得一乾二淨。但若在幼稚園有老師，在託管有鄰家姨姨，在家有爸媽，孩子整天都有一個成人提醒他要循規蹈矩，想作反也沒有機會。除此之外，家庭式的託管，大家的文化背景一樣，就連語言上也是同聲同氣，孩子學講話時，自然更得心應手。

海外流行聘請互惠生

有人會問，外傭跟孩子講英文，孩子從小多學一種語言，不是更好嗎？沒錯，從小每天浸淫在外語中，對孩子有益，但卻視乎你的外傭英文有多好。不少幼兒語言專家都主張父母用母語跟孩子溝通，如果你容許外傭用自己母語跟孩子溝通，孩子多學一種南亞語言和文化也是好事，但如果你要外傭用自己不熟悉語言跟孩子溝通，孩子在學習語言的範疇上，又會帶來怎樣的窒礙呢？

如果想要孩子學英文，傳統的外傭不是好選擇。你可考慮找一個來自英語國家的「互惠生」（Au pair）。互惠生通常是十七至三十歲的外國

未婚青年，他們以家庭成員身份加入寄宿家庭，幫助照顧孩子及打理簡單家務，從而換取食宿和零用錢。

「Au pair」源自法語，意思是平等的。互惠生在家庭裡享有對等的地位，以德國為例，互惠生每星期工作不得超過三十小時，所以家務也是全家人一起分工的。這種合作方式在香港不流行，其中一個主要因素是住宿問題，寄宿家庭要為互惠生提供獨立房間，這對香港蝸居戶可是天荒夜談。但如果你是有條件的一小撮，不妨考慮一下邀請互惠生，讓孩子足不出戶也可從他們口中了解外國語言和文化。

德國流行家庭式託管服務

有能力的，自己孩子自己教當然最理想。如果爸媽不能自己帶孩子，也該為孩子找個母親的化身（Mother figure）、一個最接近父母的人代替，與其請外傭，我寧願找隔籬屋師奶湊。時移世易，現在找隔籬屋師奶湊仔的香港人很少，但在德國，這種家庭式託管卻能登堂入室，為家長提供幼兒園外的一個選擇。

這種家庭式託管就是「日託保姆」（Tagesmutter），亦可喚作「日間媽媽」，每個日間媽媽最多可

在自己家中照顧五個孩子，他們都要接受育兒和急教培訓，並正式在青少年福利局（Jugendamt）登記完成註冊，有需要找日間媽媽託管孩子的家長，可直接找青少年福利局轉介。

不少日間媽媽在最初投身這行業時，本身也是有小孩子在家的，於是申請成為日託保姆，為其他在職父母託管孩子，幫補家計，但之後因為喜歡這份工作，待自己的孩子都長大上大學搬出去住了，自己五十多歲還在繼續做，甚至把家裡改建成一個兒童遊樂場。

這種日託保姆的選擇為在職和全職媽媽帶來一個雙贏的局面，在職媽媽可以安心把孩子交託在有豐富育兒經驗的保姆手上，自己全力在職場上奮鬥；想在職場上退下來全職湊仔，但又有經濟壓力的媽媽，又可以透過「順便」多照顧幾個孩子而幫補一下。

香港可考慮引入相關制度

在香港，愈來愈多家長明白教育下一代不能假手於外傭，於是有不少高學歷高薪高職位的媽媽毅然辭職加入全職媽媽行列，她們都對教育孩子自有一套方法，她們教出來的孩子，跟那些衣來伸手飯來張口的外傭寶寶截然不同。

很多家中有請外傭的家長也明白這個道理，但「有頭髮邊個想做癩痢」？辭工當全職爸爸媽媽，不是每個人可以。香港地，兩公婆一起工作，才可勉強應付住屋，還要顧及衣食住行跟供書教學，自己上班再請外傭照顧孩子也是迫不得已。

但如果把這種日間媽媽的家庭託管引入香港，由那些退下職場火線的知識分子媽媽擔當新一代「隔籬屋師奶」，也許在職父母可多一個選擇，而那些因外傭無微不至地照顧下養出來的港孩，也會絕跡。

帶孩子可不是養寵物，不能只求餵飽他們就夠，盡責的外傭可以確保孩子吃得飽穿得暖，但在馬斯洛需求層次理論（Maslow's hierarchy of needs）的金字塔上，生理和安全需求只是人生最底層，再高層次一點的歸屬感和愛、自尊和自我實現等，則要從生活中透過教育一點一滴累積而來。嬰兒至幼兒時期，孩子對外界非常敏感，他們吃一口飯摔一次跤也是學習的機會，你甘心讓孩子只跟著外傭、活在人生金字塔中的最底層嗎？

6.4 / 跟老師好好合作

接觸過的麻煩家長大致分為兩類：
第一類，是看不起老師，
而另一類，是太看得起老師。

教育不是買賣，別以顧客的心態看老師和學校。教師的工作是教育學生，不是侍奉學生和家長。

作為家長，應該怎樣才可以配合學校和老師，讓孩子得到最好的教育？

在香港當了短短三年教師，接觸過的麻煩家長可大致分為兩類：第一類，是看不起老師，而另一類，是太看得起老師。

看不起老師的家長，很多本身也受過高等教育，覺得教師都是沒前途的可憐蟲，他們當不了銀行家，才會教經濟；他們當不了政客，才會教通識；他們當不了醫生，才會教生物。他們自覺自己比教師知得多，比他們更懂教育，所以常會指點老師，教他們怎麼教學生。

尊師重道適用於家長

沒錯,教師不一定是尖子,教育界也有不少「返工等放工」的老師,不是每個老師都會為學生犧牲私人時間和心血。作為家長,如果老師沒盡本份,大可跟老師理論,但理論還理論,別把學生拖下水。家長在孩子面前「教訓」老師、批評學校,只會令孩子失去對學校和老師的基本尊重。「老師自己都不尊重自己的職業,憑甚麼要我尊重他?」,學生每天跟老師相處,他們自己會分辨哪個老師為自己掏心掏肺,哪個只會等出糧,孩子不需要你推波助瀾,這只會令老師在學生面前更沒有影響力,情況不會得到改善。

一個教師在課室內，要憑自己的專業判斷該以甚麼方式教育孩子才是最適合，但如果學校淪為東主，要教師秉承「顧客永遠是對的」的宗旨，滿足家長的要求，教師處處受制肘，只會讓學生在課室的權力比老師大。

一個學生在課堂上講粗口，最多會被記缺點扣操行分，但一個老師在工餘時間講粗口，卻會被社會大眾指責，單單是恃著這點，學生已經可以把老師耍得團團轉。一個老師要教好學生，一定要受到學生的尊重，當學生尊重老師時，他們才會把老師的話聽得進耳，才會有動力讀好老師任教的科目。如果家長不尊重老師，而學生也以顧客的心態看待老師，視校規和老師如無物，老師還可以怎樣談「教育」？

家長對學校和老師的態度，會直接影響學生在校內的表現。有時家長橫蠻起來，一句「我有交稅㗎，你份糧我有份出」，即時將對等關係搖身一變成為老闆，學生聽到自然也有恃無恐，覺得老師是為自己打工。如果一定要這樣看的話，其實老師也有交稅，全港學生的十二年免費教育，也是稅項的一部分，換句話說，一個單身老師沒有子女享有免費教學，他所交的稅，其實就是為各家長的子女供書教學。

誰是恩主，還是別太早下定論。

老師難以對每個學生照顧周到

凡事都有兩面，有家長看不起老師，但同時，有家長太看得起老師。

功課多少不因教師的喜好而定，別以為教師都好大喜功，為討好學校爭取升職而向學生施壓。學校有明文規定老師在每個學期甚至每個月內要學生完成的功課額，還有學習進度，老師不能每每遷就進度慢的學生，而漠視學校的教程進度。

教師的工作可以很神聖，因為這是一份「以生命影響生命」的工作，但老師不是萬能的神，不可能像家長一樣貼身照料到每一位學生。家長在家照顧一兩個孩子已經筋疲力盡，但老師光是一節課就至少有三十個學生，而每個學生的程度和需求都各有不同，當中更不乏無心向學、惹事生非的人。僅僅四十分鐘的課，要同時兼顧教書和堂上秩序，老師可以做到多少可想而知。

選「好學校」 人人準則不同

每個家長對「好學校」的定義也不一樣，有些家長認為自己不懂得教導子女有關課本上的問題，因而希望學校能夠多安排功課和補課，讓學生盡可能吸收知識；也有家長認為學業成績反而是其次，寧願功課比較少，可以多點時間跟子女相處。

所以別人心目中的好學校未必適合你的子女，家長為子女選校之前，務必做好準備功夫，詳細了解學校的教育理念、校規以及教程進度。別只看學校官方網頁，可以的話，親身到學校參觀，觀察學生的言談舉止，並了解學校對補課的安排。

家長可多關心子女在校過得怎樣

自己子女自己顧，孩子回家後，嘗試在追問學業成績之前，先關心一下他們在學校的生活，例如午飯時間過得怎樣、上課有何趣事等。老師可以是學生的榜樣，但不能代替父母的角色。作為父母，請相信你對子女的影響力，絕對比老師大。

當過老師，就會明白老師可以為學生做的其實真的很有限。教師只能夠授業解惑，讓學生學懂明辨是非，但至於學生能否健康快樂地成長，以及長大後會否成為一個有承擔的人，都要靠家長。

6.5 / 和伴侶
並肩而行

/ 大家都是為了孩子著想，
不同的教育方式，也可以和而不同。

我們常強調要尊重孩子的獨特個性，但面對其他人不同的育兒方式，我們卻未能那麼容易大方接受。男女大不同，是鐵一般的事實。爸爸媽媽都有不同的個性，也是因為這樣，才可以互相補足。男性和女性對很多事都會有不同的看法、抱不同的態度，這正正就是培養孩子從多方面思考的食糧。

雙班主任制也可和而不同

在學校，我們不會讓學生只接觸一個老師，因為每個老師都有自己獨特的個性、知識和歷練，也有不同的教學方式。如果只由同一個老師教，學生便會錯失了向其他老師學習的機會。也因為這樣，很多學校都推行雙班主任制，讓學生可以從兩個不同的老師身上學習，遇上學生有問題時，老師也能從多於一個角度分析事件。

有時，兩個班主任想法如出一轍，可以免卻很多磨擦，但相反，兩個班主任性格南轅北轍，一個主張高壓，另一個喜歡懷柔，便要大家慢慢磨合。我的拍檔處事認真，一絲不苟，而我卻一向做事隨心，面對學生犯錯欠交，我會偏向於從輕發落，但拍檔卻會推出一系列防止欠交功課的措施，由班主任輪流在課後看管欠交的學生留堂。我和拍檔合作短短一年間，她會因為我的寬鬆處理而覺得永遠只有自己當醜人，而我會因為她的「按規矩辦事」而覺得逼得太緊。

而事實上，不論高壓或者懷柔，都有當中的利弊，一班三十多個學生，他們每個的個性都不一樣，有的受軟不受硬，當你放鬆一點，他反而更合作；有的則要老師時刻督促，才能發揮最佳表現。到了最後，反而是我倆不同的處事作風，照顧到不同個性的學生，讓他們得到全面的支持。有學生喜歡我的體貼包容，也有學生喜歡她的苦口婆心，既然大家都以學生的福祉為大前提，為甚麼要視不同的教學方式為敵，而不各取其長、並肩作戰呢？

教育兒女非女性專利

在德國，現時有超過二萬五千個男性幼稚園教師，雖然只佔全國幼師5%，但已是有史以來最高的比率。不少人認為當媽媽是女性的天職，因此，女性在照顧幼童上應比男性更勝一籌。但德國相關的最新研究顯示，同樣受過幼兒教育培訓的老師，在照顧孩童方面，男性或女性教師之間沒有明顯分別。論到怎樣與孩子溝通或怎樣教育孩子，重點並不是男女的分別，而是每個人本身跟孩子相處的技巧。

到底男幼師在孩子心目中擔當一個甚麼角色呢？奧地利官方研究透過錄像觀察，發現男孩子比較喜歡跟男性幼師相處。男人的浪漫並不是成年男人的專利，男孩子也一樣，他們從跑跑跳跳、蹺蹺撞撞中找到樂趣，在這方面，男孩子跟男性幼師想法一致。挪威的男性幼師數量為德國的兩倍，挪威一位兒童早期教育系教授Ellen Sandseter曾指

出，男老師發起的遊戲，可能會有更多碰撞和磨擦，「風險」較高，但這正中孩子下懷，很受孩子歡迎。加上，男性對孩子較激烈的行為，也能以相較輕鬆的態度看待，這也是孩子喜歡與男性老師相處的原因之一。

男孩子更喜歡和男老師相處

在我們幼稚園，孩子男女比例一半一半，但連同兩位小學託管老師一共九人，只得一位十八歲的實習生是男的。有一次，我聽見活動室那頭孩子尖叫聲不絕，走去看看，竟見實習生把孩子平日睡午覺的床墊當作滑梯，跟孩子連助跑一躍跳到床墊上，從活動室一端滑到十米外的另一端。我心裡第一句是：「搞甚麼？」但見孩子能夠逐一排好隊，滑得興高采烈，不得不佩服這位男實習生的無限想像力和膽色。

孩子需要多方面的發展和平衡，如果只從單一的榜樣學習，會令他們失去多元化發展的機會。在教養孩子方面，很多家庭中父母的角色都是一個比較嚴厲，另一個比較溫和，這正好讓孩子同時在兩種教育方式下吸取成長的養分。我們不應否定另一種方式的可取之處，更萬萬不能在孩子面前批評「拍檔」處事不當或「無料到」。

尊重伴侶對孩子的教導

有時候，當孩子犯錯，除非另一位執教者以暴力等極端手法處理問題，否則，你再不認同他的處理手法，也該等到事後才私下討論，這才不致令孩子無所適從。如果每次在伴侶教仔時，我們都開口指責他的處理不周，識相的孩子便會知道誰是真正掌事的人。或許伴侶的處理手法有時未如理想，總是太輕易放過犯錯的孩子，但我們寧可放過孩子一次半次，也不要讓孩子對他失去尊重。一旦孩子失去對你的伴侶的尊重，等同廢了他的武功，他在孩子面前的教誨也再沒影響力了。到孩子再犯錯時，你只能把所有教化的工作扛在身上，也只能怪自己。

教育孩子時，一個好拍檔，可以在必要時挽回僵化的局面，因為無論我們讀過多少兒童心理學、看過多少育兒手冊，有時候，孩子不聽就是不聽。這時候，找另一個人以不同的方式嘗試調解雙方的立場，或許可以解開問題的死結。

孩子被責備，寧死不肯妥協，有時不是因為他們不知悔改，而是知道自己錯了但找不到下台階，所以才會裝著一臉不在乎的樣子。這情況下，我們也許會氣上心頭，一步不讓，好讓孩子知道誰才是話事人。但這樣爭持下去，不但會傷感情，亦於事無補。遇到孩子不肯認錯時，家長可以先不要硬碰，最簡單的做法是先離開現場，讓孩子和自己都可以冷靜下來。又或是拜託另一位長輩跟孩子溝通，讓中間人緩和爭持不下的局面，為雙方製造一個下台階。

雖說換個人來溝通是一個辦法，但千萬別濫用。每個長輩在孩子面前都該有應有的尊嚴，我們不能讓孩子覺得這個長輩對自己無計可施「搞唔掂」，才要找更有權威的人來處理。正如很多家長常犯的一個錯誤：「你唔聽我話，我話俾（任何一個家長覺得孩子會怕的人）聽，到時你就知死。」這樣的話，根本就是暗示自己搞不定孩子，那孩子也因而知道，在誰面前要扮乖，在誰面前可以放肆。換個對象跟孩子溝通，只是破冰作用，讓孩子態度軟化，到最後，解鈴還需繫鈴人，根本的問題最好靠我們這個當事人跟孩子解決。

老師也好，父母也好，同樣都是為孩子著想的人。既然出發點一樣，不同的教育方式，也可以和而不同。

不必製造「無菌空間」

凡事太執著用自己一套，
小心變成另類的過份保護。

有時放鬆一點，不必每每跟著「天書」教孩子，我們為孩子
看書聽講座學溝通技巧，但孩子走到街上，或是到爺爺嫲
嫲公公婆婆家走一轉，其他人都不一定依你學到的一套跟
孩子相處，我們也避免不了。

每種教育方式均有利弊

有時候，我們明白過份保護孩子，會令孩子解難能力低，
不懂如何面對逆境，所以我們都會盡可能放手讓孩子跌，
然後等他們自己站起來。但有時，當孩子跟祖父母相處
時，他們用另一套方式教孩子，在父母眼中可能是過份保
護，孩子跌倒，祖父母想立即衝上前，但說時遲那時快，
父母立刻喝止。父母這麼一喝，祖父母在孫兒面前被自己

子女喝止，面子何存，而喝止祖父母的爸爸媽媽，更在孩子面前做了一個極壞的榜樣。更甚者，祖父母跟父母在孩子面前爭拗，孩子見到成人為了自己而吵起上來，更會處於兩難的狀況，或是感到自責。

世上每個父母都有自己教孩子的一套方式，每個方式都有利有弊。別人用了「錯」的方法教你的孩子，也只是一次半次，不必即時擺出一副捍衛的姿態，你事後跟孩子解釋便可以。如果要把孩子長時間交託其他人照顧，我們便得事先溝通好。

灌輸正確價值觀

每天在街上，都有很多不適合孩子的情節在上映。我們在家可以不開電視，讓孩子看不見暴力畫面，但走到街上，可控制不了在旁粗口橫飛的金毛男。我們嘗試把所有不當的畫面避開，讓孩子生活變成「無菌空間」，這何嘗不是另類的溫室？到有一天避不了，孩子見到這些畫面，反而更覺好奇。所以，最有效防止孩子學壞的方法，是灌輸正確的價值觀，讓孩子有能力自己判斷，並教孩子怎麼面對。

同樣道理，遇上不同的教育方式時，我們不必每次都跟祖父母「開拖」，更不應擺出一副不耐煩的樣子。想像一下孩子看到我們用這樣的態度跟自己的父母說話，他會怎麼想？我們可以從孩子入手，讓孩子知道跌倒時應該自己站起來，也可以提醒他們，有時候祖父母因為太愛錫和緊張他們，才會忘記讓他自己站起來。待孩子下次再跌倒時，由他們親口跟公公婆婆說「我可以自己站起來，你們不必來扶我」，這不但可以避免父母和祖父母之間的衝突，對祖父母而言，孫兒的說話，也比子女的話有分量得多。

不完美也無妨

凡事太執著用自己一套，小心變成另類的過份保護。放手讓孩子跌，同時也放手讓孩子感受不同的教育方式，教會他們自己判斷。

育兒專家和心理專家可以用不同研究，找出最有效的教育方式。但很多事都不一定非黑即白，過分催谷孩子會構成壓力，但不代表要謝絕所有興趣班。訓練孩子自理自主很重要，但不代表我們要袖手旁觀看他掙扎。下大雨水浸街，家長抱著孩子涉水而行，不代表會縱壞孩子。依專家的建議，我們也許可以省卻很多反覆試驗的時間，但別妄想一定可以教出十項全能的孩子。

每個人都有優點和缺點，我們的不完美令我們可以做回自己，也塑造了獨一無二的我們。我做事慢吞吞，但我有無比耐性；我固執不容易認錯，但我不輕言放棄；我做事不專心，但我的想像力天馬行空創意力無限。每個人都有缺點，我們不是要把孩子的缺點全部剔走，而是引導他們利用自己的缺點，轉化成助他們向前走的力量。如果孩子都是完美，作為父母，我們都不會被需要了。

很多育兒專家的建議，只是找一個方式，讓你和孩子都可以快樂相處。我們知得愈多，便會發覺教育孩子的方式有各門各派，幾十年以來沿用的理論，可能明天就被專家的研究推翻。我們的父母當年沒有看育兒書，就把我們養大，他們大概在可以錯的地方都錯了，但你我現在不也是過得好好的嗎？

別擔心，只要真心為孩子好，孩子會感受到。

結語／ 德國月光特別圓

為甚麼是德國？德國的月光特別圓嗎？

我沒有在所有香港中學教書，也沒有見識過全德國的幼稚園，我只能用自己親身的經歷，把香港和德國教育簡單作一個比較。我比較香港和德國，不是要告訴大家德國教育有多完美，香港教育怎麼比不上。德國和香港兩地的學生，誰的成績好，我不知道，也無從比較，但德國幼稚園生開心沒壓力，在幼稚園捨不得回家，卻是不爭的事實。

每個地方都有人才，也有蠢材，德國也不例外。世上沒有一套完美的教育制度，也沒有絕對的育兒方式。不是所有德國人都是精英，但至少他們都有健康快樂地成長的機會。

我不是教大家如何透過玩遊戲快樂學習而取得好成績，也不是教大家管教孩子，只是想給大家一個反思，走出香港教育的框框。

德國的月光之所以特別圓，是因為德國孩子有時間抬頭看月光。

德國的幼兒教育，讓孩子做一個孩子。他們也許未必每個都名列前茅，但每個孩子都享有健康快樂地成長的機會，這樣才是最寶貴的。

參考文獻：

Aidger, J.; Burkhardt, L.; huber, J. u.a. (2013): Zur Wirkung männliche Kindergartenpädagogen auf Kinder im elementarpädagogischen Alltag = "W-INN". Wirkungsstudie Innsbruck. Wien: Bundesministerium für Arbeit, Soziales und Konsumentenschutz (BMASK).

Bates, E. (1990). *Language about me and you: Pronominal reference and the emerging concept of self*. In D. Cicchetti & M. Beeghly (Eds.). The Self in Transition: Infancy to Childhood. (Pp. 165-182). Chicago: University of Chicago Press.

Brandes, H.; Andrä, M.; Röseler, W. u.a. (2016): Macht das Geschlect einen Unterschied?

Gneezy, U., and A. Rustichini (2000)"A Fine is a Price,"The Journal of Legal Studies, 29(1),1-17.

Mayr, T. and Ulich, M. (2006): Positive Entwicklung und Resilienz im Kindergartenalltag

Mayr, T. and Ulich, M. (2007): Sprachentwicklung und Literacy bei deutschsprachig aufwachsenden Kindern

Pearson, B. Z. 2008. *Raising a bilingual child: A step-by-step guide for parents*. New York: Random House

Perry, B.. Curiosity: The Fuel of Development. Retrieved from http://teacher.scholastic.com/professional/bruceperry/curiosity.htm

Rochat, P. (2011). Possession and morality in early development. New Directions in Child and Adolescent Development. 1-24.

Sandseter, E. (2013): Early childhood education and care practitioners' perceptions of children's risky play: examining the influence of personality and gender. Early Child Development and care, 184 (3), 434-449.

Tomasello, M. (1998). *One child early talk about possession*. In J. Newman, (Ed.). The Linguistic of Giving. Amsterdam: John Benjamins.

Watson, J.S. (1995). Self-orientation in early infancy: The general role of contingency and the specific case of reaching to the mouth. In P. Rochat (Ed.), *The self in infancy: Theory and research*. Advances in psychology, 112 (pp. 375-394). Amsterdam, Netherlands: North-Holland/Elsevier Science Publishers.

FAM 09

讓孩子揮灑才能的德國教育

作者	何潔凝
出版經理	呂雪玲
責任編輯	Debbie Tam
書籍設計	Stephen Chan
相片提供	何潔凝、Thinkstock

出版	天窗出版社有限公司 Enrich Publishing Ltd.
發行	天窗出版社有限公司 Enrich Publishing Ltd.
	香港九龍觀塘鴻圖道 78 號 17 樓 A 室
電話	(852) 2793 5678
傳真	(852) 2793 5030
網址	www.enrichculture.com
電郵	info@enrichculture.com
出版日期	2017 年 3 月初版
	2017 年 9 月第二版

承印	嘉昱有限公司
	九龍新蒲崗大有街 26-28 號天虹大廈 7 字樓
紙品供應	興泰行洋紙有限公司

定價	港幣 $118　新台幣 $480
國際書號	978-988-8395-41-5
圖書分類	(1) 親子教養　(2) 教育法

版權所有　不得翻印
All Rights Reserved

©2017 Enrich Publishing Ltd.
Published & Printed in Hong Kong

作者及出版社已盡力確保所刊載的資料正確無誤，惟資料只供參考用途。

支持環保　此書紙張經無氯漂白及以北歐再生林木纖維製造，
並採用環保油墨。